金融创新与金融风险管理研究

顾文斌 席 悦 李继超 ◎著

中国书籍出版社

图书在版编目（CIP）数据

金融创新与金融风险管理研究 / 顾文斌, 席悦, 李继超著. -- 北京：中国书籍出版社, 2024. 11.
ISBN 978-7-5241-0014-0

Ⅰ. F832.1

中国国家版本馆 CIP 数据核字第 20249LC396 号

金融创新与金融风险管理研究

顾文斌　席　悦　李继超　著

图书策划	邹　浩
责任编辑	杨　昆
责任印制	孙马飞　马　芝
封面设计	博健文化
出版发行	中国书籍出版社
地　　址	北京市丰台区三路居路 97 号（邮编：100073）
电　　话	（010）52257143（总编室）　　（010）52257140（发行部）
电子邮箱	eo@chinabp.com.cn
经　　销	全国新华书店
印　　厂	廊坊市博林印务有限公司
开　　本	710毫米×1000毫米　1/16
印　　张	12.5
字　　数	215千字
版　　次	2025 年 4 月第 1 版
印　　次	2025 年 4 月第 1 次印刷
书　　号	ISBN 978-7-5241-0014-0
定　　价	78.00元

版权所有　翻印必究

前 言

金融创新与金融风险管理是一个与时代同步演进的课题，它对金融市场的活力、效率以及经济的稳定和可持续发展具有深远的影响。随着数字化和全球化的不断深入，金融创新正以前所未有的速度涌现。区块链、人工智能等前沿技术正在从根本上改变金融服务的模式，为投资者带来了前所未有的投资选择和交易便利性。同时，这些创新也产生了新的不确定性和风险，对风险管理提出了更高的要求。

本书首先对金融创新的概念与发展进行了全面梳理，进而探讨了金融业务、工具、市场以及监管层面的创新体系结构。特别关注了我国绿色金融的创新模式，分析了制造业发展战略、法律制度完善与经济发展方式转变。还进一步探讨了金融创新对金融稳定性的影响机理，构建了金融稳定性评估指标体系，并系统阐述了金融风险管理的框架及内容，包括信用风险管理、流动性风险管理、市场风险管理与操作风险管理。最后，展望了金融风险管理的新趋势，包括宏观经济下的金融风险防治和大数据环境下的风险管理策略，本书可以作为从事金融等相关行业工作者的参考用书，为金融行业的稳健发展提供了理论指导和实践参考。

本书参考了大量的相关文献资料，借鉴、引用了诸多专家、学者和教师的研究成果，其主要来源已在参考文献中列出，如有个别遗漏，恳请作者谅解。本书写作得到很多专家学者的支持和帮助，在此深表谢意。由于能力有限，时间仓促，虽极力丰富本书内容，力求著作的完美无瑕，尽管经多次修改，仍难免有不妥与遗漏之处，恳请专家和读者指正。

目 录

第一章　金融创新探知 … 1
第一节　金融与金融交易 … 1
第二节　金融创新的内涵 … 5
第三节　金融创新的发展与影响 … 12

第二章　金融创新的体系结构 … 19
第一节　金融业务创新 … 19
第二节　金融工具与金融市场创新 … 36
第三节　金融制度与金融监管创新 … 47

第三章　我国绿色金融发展创新模式 … 55
第一节　我国绿色金融法律制度的完善 … 55
第二节　我国转变经济发展方式的战略思路 … 69

第四章　金融创新对金融稳定性的影响分析 … 76
第一节　金融创新对金融稳定的影响机理 … 76
第二节　金融创新视角下金融稳定的宏观经济因素分析 … 84
第三节　金融创新视角下金融稳定的金融要素分析 … 94
第四节　金融创新视角下金融稳定性评估指标体系的构建 … 98

第五章　金融风险管理的框架 … 105
第一节　金融风险的内涵及其产生原因 … 105
第二节　金融风险管理的结构系统 … 113
第三节　金融风险管理的主要方法 … 124

第六章 金融风险管理的内容范畴 … 129

第一节 信用风险管理 … 129

第二节 流动性风险管理 … 137

第三节 市场风险管理 … 144

第四节 操作风险管理 … 149

第七章 金融风险管理的新趋势 … 155

第一节 金融风险管理的趋势 … 155

第二节 宏观经济下现阶段金融风险的防治与化解 … 165

第三节 大数据环境下的金融风险管理 … 170

参考文献 … 179

第一章 金融创新探知

第一节 金融与金融交易

一、金融

(一) 金融的概念

金融是货币流通和信用活动以及与之相联系的经济活动的总称。广义的金融泛指一切与信用货币的发行、保管、兑换、结算、融通有关的经济活动，甚至包括金银的买卖；狭义的金融专指信用货币的融通。金融的核心是跨时间、跨空间的价值交换，所有涉及价值或者收入在不同时间、不同空间之间进行配置的交易都是金融交易，金融学就是研究跨时间、跨空间的价值交换为什么会出现、如何发生、怎样发展。

(二) 金融的主要内容

金融的内容可概括为货币的发行与回笼，存款的吸收与付出，贷款的发放与回收，金银、外汇的买卖，有价证券的发行与转让，保险，信托，国内国际的货币结算等。从事金融活动的机构主要有银行、信托投资公司、保险公司、证券公司，还有信用合作社、财务公司、金融租赁公司以及证券、金银、外汇交易所等。

金融是信用货币出现以后形成的一个经济概念，它和信用是两个不同的概念。金融不包括实物借贷而专指货币资金的融通（狭义金融），人们除了通过借贷货币融通资金之外，还以发行股票的方式来融通资金。信用指一切货币的借贷，金融（狭义）专指信用货币的融通。人们之所以要在信用之外创造一个新的概念来专指信用货币的融通，是为了概括一种新的经济现象。信用与货币流通这两个经济过程已紧密地结合在一起。最能表明金融特征的是可以创造和消减货币的银行信用，银行信用被认为是金融的核心。

（三）金融的特征

①金融是信用交易。经济学上的信用主要是一种商品交易的形式，对应实物商品的现货交易（即时清结的交易），在应用于金融交易时则称为信用。信用构成金融的基础，金融最能体现信用的原则与特性。在发达的商品经济中，信用已与货币流通融为一体。

②金融交易具有自己的独特形式。这主要是与实物商品交易的形式比较而言，金融交易形式有自己的独特之处（参看下文"金融交易的基本形式"）。

③金融交易的基本要素：主要有金融交易的价值总额（表现为一定量的货币，可记为 G）、交易的时间（往往是一段时间，记为 T 或 t）、交易的收益或收益率、交易的风险等。

④金融交易的独特内涵：其一，一方以对方偿还为条件，向对方先行移转商品（包括货币）的所有权或者部分权能。而实物商品交易没有偿还特性，是在某个时间点上的等价交易。其二，一方对商品所有权或其权能的先行移转与另一方的相对偿还之间存在一定的时间差，即具有跨期交易的特性。而实物商品交易是即期交易（当然，实物商品交易中也包括实物商品交易的期货、期权交易，这也是跨期交易，但这里的比较仅仅是即期实物商品交易）。其三，先行交付的一方需要承担一定的信用风险，信用交易的发生是基于给予双方的信任。这种风险存在于交易之中，因为时间也在交易之中，而实物商品交易只是在某个时间点，不含有时间，因而也就没有金融交易的那种风险。

二、金融交易

金融交易是指在金融市场上买卖金融资产的行为，这些资产包括但不限于股票、债券、货币、商品、衍生品等。金融交易的目的多种多样，可以是投资、投机、对冲风险等。金融交易是现代经济的重要组成部分，它不仅影响着个人和企业的财务状况，也对整个经济的运行和发展产生深远影响。

第一章　金融创新探知

（一）金融交易的目的

1. 资本增值与投资回报

金融交易的核心目的之一是实现资本的增值。投资者通过购买具有增长潜力的金融资产，期待其价值上升从而获得利润。这种投资行为不仅包括对股票、债券等传统金融工具的购买，也涵盖了对新兴市场和创新金融产品的关注。投资者通过对市场趋势的分析和预测，选择适当的时机进行买入或卖出，以期实现资本增值的最大化。

2. 风险管理与对冲

金融交易的另一个重要目的是进行风险管理。企业和个人通过交易特定的金融工具，如期货、期权和掉期，来对冲或减少潜在的市场风险。例如，航空公司可能会通过购买燃油期货合约来锁定未来的燃油成本，避免油价波动带来的不利影响。这种策略有助于保护企业免受市场不确定性的冲击，确保财务稳定。

3. 提供流动性与资产配置

金融市场为参与者提供了资产流动性，使他们能够快速买卖资产而不受限制。这种流动性不仅对个人投资者至关重要，对机构投资者和整个经济体系的运作也同样重要。此外，金融交易还允许投资者进行有效的资产配置，根据个人的风险偏好、投资目标和市场条件，将资金分配到不同的金融资产中，以实现投资组合的最优平衡。

4. 信息获取与提升市场效率

金融交易本身也是信息获取和市场效率提升的过程。每一次交易都是市场参与者基于对资产价值的判断和信息的解读所作出的决策。这些交易行为汇总起来，形成了市场价格，反映了市场对资产价值的共识。有效的金融交易能够促进信息的快速传递和价格的即时调整，从而提高市场的整体效率，使资源配置更加合理。

（二）金融交易的原则

1. 基于价值的投资原则

金融交易应遵循基于价值的投资原则，即投资者应基于资产的内在价值而非市场价格来作出投资决策。这要求投资者深入分析资产的基本面，包括公司的盈利能力、财务状况、行业地位等，以确定其真实价值。通过这种方式，投资者可以在市场低估时买入，在高估时卖出，实现价值回归。

2. 风险与回报的平衡原则

金融交易必须在风险与回报之间找到平衡。没有任何投资是完全没有风险的，但投资者应追求与其所承担风险相匹配的合理回报。这要求投资者对自身的风险偏好有清晰的认识，并在此基础上选择合适的投资策略和资产配置。同时，通过分散投资来降低非系统性风险，也是实现风险与回报平衡的重要手段。

3. 长期视角的持有原则

金融交易应以长期视角为基础。短期市场波动往往难以预测，而长期价值的增长则更为稳定和可预测。因此，投资者应避免过度交易和追逐短期利润，而应专注于资产的长期表现。长期持有不仅可以减少交易成本，还可以利用复利效应来增加财富。

4. 合规与道德的交易原则

金融交易必须遵守法律法规和市场规则，同时遵循道德和诚信的原则。这不仅包括避免内幕交易、操纵市场等违法行为，也包括公平对待所有市场参与者、保护投资者利益等道德要求。合规与道德的交易不仅有助于维护市场秩序，也是投资者建立良好声誉和实现可持续发展的基础。

（三）金融交易的任务

1. 市场分析与决策制定

金融交易的任务首先涉及对市场进行深入的分析。这包括对宏观经济指标、行业趋势、公司财报以及市场情绪等多方面因素的研究。基于这些分析，投资者或交易员需要制定交易策略，决定何时买入或卖出特定的金融资产。这一过程要求高度的专业技能和对市场动态的敏感度，以确保交易决策的有效性和前瞻性。

2. 资产选择与组合构建

金融交易的另一项任务是选择合适的资产并构建投资组合。这要求对不同资产类别的风险和回报特性有深刻的理解。投资者需要根据自己的投资目标、风险承受能力和市场预期来选择股票、债券、商品、外汇等资产，并决定它们在投资组合中的比重。良好的资产选择和组合构建能够最大化投资回报并控制风险。

3. 交易执行与监控

执行交易是金融交易中的关键任务。这不仅包括在正确的时间以合适的价格买入或卖出资产，还包括对交易过程的实时监控，确保交易按照既定策略顺利进行。此外，交易后的监控同样重要，需要对市场变化和投资组合的表现进行持续跟踪，以便及时调整策略以应对市场波动。

4.风险评估与合规性检查

金融交易还需要不断地进行风险评估和合规性检查。风险评估涉及对市场风险、信用风险、流动性风险的识别和量化，以制定相应的风险控制措施。合规性检查则是确保所有交易活动都符合相关法律法规和市场规则，避免违规操作和潜在的法律风险。这一任务对于保护投资者利益、维护市场秩序至关重要。

第二节　金融创新的内涵

一、金融创新的含义

创新是指新的生产函数的建立，也就是企业家对企业要素实行新的组合。创新包括技术创新（产品创新与工艺创新）与组织管理上的创新，因为两者均可导致生产函数或供应函数的变化。

具体地讲，创新包括五种情形：①新产品的出现；②新工艺的应用；③新资源的开发；④新市场的开拓；⑤新的生产组织与管理方式的确立，也称为组织创新。

二、金融业务创新与金融技术创新

金融业务创新包括金融产品、金融交易方式和服务方式、金融市场、金融经营管理机制和监控机制等方面的创新。

金融技术创新要在金融业务创新的基础上，大力发展以信息技术为基础的先进的金融手段和金融机具与装备，完善电子金融体系建设，实现金融能力质的跃升。

金融创新定义虽然大多源于熊彼特经济创新的概念，但各个定义的内涵差异较大，总括起来对于金融创新的理解无外乎有以下几个层面。

（一）宏观层面的金融创新

宏观层面的金融创新将金融创新与金融史上的重大历史变革等同起来，认为整个金融业的发展史就是一部不断创新的历史，金融业的每项重大发展都离不开金融创新。

从这个层面上理解金融创新有如下特点：金融创新的时间跨度长，将整个货币信用的发展史视为金融创新史，金融发展史上的每一次重大突破都视为金融创新；金融创新涉及的范围相当广泛，不仅包括金融技术的创新、金融市场的创新、金融服务产品的创新、金融企业组织和管理方式的创新、金融服务业结构上的创新，而且还包括现代银行业产生以来有关银行业务、银行支付和清算体系、银行的资产负债管理乃至金融机构、金融补偿、金融体系、国际货币制度等方面的历次变革。如此长的历史跨度和如此广的研究空间使得金融创新研究可望而不可即。

（二）中观层面的金融创新

中观层面的金融创新是指 20 世纪 50 年代末 60 年代初以后，金融机构特别是银行中介功能的变化，它可以分为技术创新、产品创新以及制度创新。技术创新是指制造新产品时，采用新的生产要素或重新组合要素、生产方法、管理系统的过程。产品创新是指产品的供给方生产比传统产品性能更好、质量更优的新产品的过程。制度创新则是指一个系统的形成和功能发生了变化，而使系统效率有所提高的过程。从这个层面上，可将金融创新定义为政府或金融当局和金融机构为适应经济环境的变化和在金融过程中的内部矛盾运动，防止或转移经营风险和降低成本，为更好地实现流动性、安全性和盈利性目标而逐步改变金融中介功能，创造和组合一个新的高效率的资金营运方式或营运体系的过程。中观层次的金融创新概念不仅把研究的时间限制在 20 世纪 60 年代以后，而且研究对象也有明确的内涵，因此大多数关于金融创新理论的研究均采用此概念。

（三）微观层面的金融创新

微观层面的金融创新仅指金融工具的创新。大致可分为四种类型：信用创新型，如用短期信用来实现中期信用，分散投资者独家承担贷款风险的票据发行便利等；风险转移创新型，它包括能在各经济机构之间相互转移金融工具内在风险的各种新工具，如货币互换、利率互换等；增加流动创新型，它包括能使原有的金融工具提高变现能力和可转换性的新金融工具，如长期贷款的证券化等；股权创造创新型，它包括使债权变为股权的各种新金融工具，如附有股权认购书的债券等。

从思维层次上看，"创新"有三层含义：①原创性思想的跃进，如第一份期权合约的产生；②整合性，将已有观念的重新理解和运用，如期货合约的产生；③组合性创新，如蝶式期权的产生。

三、金融创新的种类

金融创新是指金融内部通过各种要素的重新组合和创造性变革所创造或引进的新事物。金融创新大致可归为七类：①金融制度创新；②金融市场创新；③金融产品创新；④金融机构创新；⑤金融资源创新；⑥金融科技创新；⑦金融管理创新。

（一）金融制度创新

金融制度创新是推动金融行业持续发展与进步的关键驱动力。它涉及对现行金融制度、法规及监管框架的深刻反思与革新，旨在通过构建更加灵活、高效且安全的金融体系，以适应快速变化的市场需求和技术进步。这一过程不仅包括金融组织结构的优化，如引入新型金融机构、促进金融科技的融合应用，还涵盖了金融监督制度的完善，确保金融活动在合法合规的轨道上稳健运行。

（二）金融市场创新

金融市场创新主要是指银行经营者根据一定时期的经营环境所造成的机会开发出新的市场。现代金融市场大致包括：

1. 差异性市场

按不同的内容可划分为货币市场、外汇市场、资本市场、黄金市场、证券市场、抵押市场、保险市场等。

2. 时间性市场

按期限长短划分，短期的有资金拆借市场、票据贴现市场、短期借贷市场、短期债券市场等；长期的有资本市场，如长期债券市场、股票市场等。

3. 地区性市场

如国内金融市场、国际金融市场等。

金融市场创新主要指的是微观经济主体开辟新的金融市场或宏观经济主体建立新型的金融市场，由金融市场向更高级金融市场的过渡和转化，由封闭型金融市场向开放金融市场的进入和拓展。

（三）金融产品创新

金融产品的核心是金融工具和银行服务。金融产品创新是根据客户所要求的产品种类、特色、方式、质量和信誉，使客户方便、安全、盈利。在国际金融市场上，金融创新的大部分属于金融产品的创新。

（四）金融机构创新

金融机构创新，是从金融创新经营的内容和特征出发，以创造出新型的经营机构为目的，建立完整的机构体系。

（五）金融资源创新

金融资源是指人才、资金、财务、信息等，它是保证银行正常经营的必要前提，金融资源创新主要包括以下几个方面的内容：①金融资源的来源创新。首先，金融业正常经营进行必须有专门的人才，人才来源包括自己培养、吸收其他机构高级人才和引进国外高级专业人才；其次，必须有资金来源的充分保证，它要求金融机构经营者随时掌握资金供应市场的动态，挖掘和寻求新的资金供应渠道，开辟新的负债业务。②金融资源的结构创新，包括及时、准确地掌握各种信息，高级专业人才比重大，负债结构合理，财务管理先进。它能创造出比同行领先的经营效率和方法。③金融资源聚集方式创新。对不同的金融资源有不同的吸引和聚集方式，银行经营者要不断创造新的手段，用最经济、最有效的方法去聚集自己所需的金融经营资源，合理地配置这些资源，以求得经营上的最大效益。

（六）金融科技创新

进入20世纪70年代以来，金融业实现了技术革新和金融自由化。主要体现在金融服务讲究速度和效率以及科学技术在金融领域的应用，对金融业务产生了划时代的影响。它一方面使金融市场在时间和空间上的距离缩小，另一方面又使金融服务更加多元化、国际化。

（七）金融管理创新

金融业管理创新机制包括两个方面：一方面，国家通过立法间接对金融业进行管理，目标是稳定通货和发展经济；另一方面，金融机构内部建立完善的内控机制，包括机构管理、信贷资金管理、投资风险管理、财务管理、劳动人事管理等方面。目前，金融机构管理都是通过资金来源制约资金运用，实现银行资产和负债双方总量和结构的动态平衡，不断创造新的管理方法。

四、金融创新的内容

（一）金融创新的理论基础

1. 西尔柏的约束诱导型金融创新理论

西尔柏（W.L.Silber）主要是从供给角度来探索金融创新。西尔柏研究金融创新是从寻求利润最大化的金融公司创新最积极这个表象开始的，由此归纳出金融创新是微观金融组织为了寻求最大的利润，减轻外部对其产生的金融压制而采取的"自卫"行为。西尔柏认为，金融压制来自两个方面：其一是政府的控制管理，其二是内部强加的压制。

2. 凯恩的规避型金融创新理论

凯恩（E.J.Kane）提出了"规避"的金融创新理论。所谓"规避"就是指对各种规章制度的限制性措施实行回避。"规避创新"则是回避各种金融控制和管理的行为。它意味着当外在市场力量和市场机制与机构内在要求相结合，回避各种金融控制和规章制度时就产生了金融创新行为。

"规避"理论非常重视外部环境对金融创新的影响。从"规避"本身来说，也许能够说明它是一些金融创新行为的源泉，但是"规避"理论似乎太绝对和抽象化地把规避和创新逻辑联系在一起,而排除了其他一些因素的作用和影响,其中最重要的是制度因素的推动力。

3. 希克斯和尼汉斯的交易成本创新理论

希克斯(J.R.Hicks)和尼汉斯(J.Niehans)提出的金融创新理论的基本命题是"金融创新的支配因素是降低交易成本"。这个命题包括两层含义:降低交易成本是金融创新的首要动机,交易成本的高低决定金融业务和金融工具是否具有实际意义;金融创新实质上是对科技进步导致交易成本降低的反应。

交易成本理论把金融创新的源泉完全归因于金融微观经济结构变化引起的交易成本下降,有一定的局限性。因为它忽视了交易成本降低并非完全由科技进步引起,竞争也会使得交易成本不断下降,外部经济环境的变化对降低交易成本也有一定的作用。

交易成本理论单纯地以交易成本下降来解释金融创新原因,把问题的内部属性看得未免过于简单了。但是,它仍不失为研究金融创新的一种有效的分析方法。

4. 金融深化理论

美国经济学家爱德华·S.肖(E.S.Shaw)从发展经济学的角度对金融与经济发展的关系进行了开创性的研究。肖提出金融深化理论,要求放松金融管制,实行金融自由化。这与金融创新的要求相适应,因此成为推动金融创新的重要理论依据。

(二)金融创新工具的分类

1. 所有权凭证

股票是所有权的代表。传统的主要有普通股和优先股,由于创新出现了许多变种。以优先股为例,有可转换可调节优先股、可转换可交换优先股、再买卖优先股、可累积优先股、可调节股息率优先股、拍卖式股息率优先股等。

2. 融资工具

债务工具对借款人来说是债务凭证,对放款者来讲是债权凭证。最早的债务工具是借据,紧接着出现的是商业票据,以后又出现了银行票据和企业、政府发行的各种债券。由于创新,债务工具又发生了许多新变化。就个人债务工具而言,其变种主要包括:信用卡、可转让提效单账户、可变或可调节利率抵押、可转换抵押、可变人寿保险等。

3. 股权账户

就企业而言就更多，主要表现为以下几类：

①可调节的利率包括：浮动利率票据、利率重订票据、可调节利率、可转换债券、零息票可转换债券。

②可变期限的包括：可展期票据、可卖出可展期票据、可变期限票据、可卖出可调节清偿债务。

③可外国通货标值的包括：外国通货标值债券、双重通货标值债券、欧洲通货债券。

④可担保的债务包括：以抵押为后盾债券、以应收项目为后盾债券、以不动产为后盾债券、有附属担保品抵押债券。

4. 衍生金融产品

最传统的金融产品是商业票据、银行票据等。由于创新，在此基础上派生出许多具有新的价值的金融产品或金融工具，如期货合同、期权合同互换及远期协议合同。远期合同和期货近几年又有新的创新，具体包括远期利率协议、利率期货、外国通货期货、股票指数期货等。目前最新的产品则为欧洲利率期货、远期外汇协议，前者为不同通货的短期利率保值，后者为率差变动保值。

5. 组合金融工具

组合金融工具是指对种类不同的两种以上（含两种）的金融工具进行组合，使其成为一种新的金融工具。组合金融工具横跨多个金融市场，在多个市场中，只要有两个市场或两个以上市场的产品结合，就能创造出一种综合产品或一种组合工具，如可转换债券、股票期权、定期美元固定利率等等，都是组合金融工具。其他衍生金融工具还有票据发行便利、备用信用证、贷款承诺等。

第三节　金融创新的发展与影响

一、中国金融创新的现状

我国的金融创新经过 20 年的发展，也取得了巨大的成绩，主要体现在以下几个方面：

（一）在组织制度上的创新

建立了统一的中央银行体制，形成了四家国有商业银行和十多家股份制银行为主体的存款货币银行体系，现在城市信用社改成城市商业银行。建立了多家非银行金融机构和保险机构，放宽了外资银行分支机构和保险的市场准入条件，初步建立了外汇市场，加快了开放步伐。

（二）管理制度的创新

中央银行从纯粹的计划金融管制转变为金融宏观调控，调控方式从计划性、行政性手段为主的宏观调控向经济和法律手段转变，调控手段上逐步启用存款准备金，公开市场业务等货币政策工具。加快了外汇改革，实现了人民币经常项目下的可兑换。对金融机构业务管制有所放松，各专业银行可以开办城乡人民币、外汇等多种业务，公平竞争；企业和银行可以双向选择。

（三）金融业务与工具的创新

在负债业务上，出现了三、六、九个月的定期存款、保值储蓄存款、住房储蓄存款、委托存款、信托存款等新品种。从资产业务看，出现了抵押贷款、按揭贷款等品种。在中间业务上，出现了多功能的信用卡。从金融工具上看，主要有国库券、商业票据、短期融资债券、回购协议、大额可转让存单等资本市场工具和长期政府债券、企业债券、金融债券、股票、受益债券、股权证、基金证券等。

（四）金融技术创新

在技术上出现了以上海、深圳交易所为代表的电子化装备。

从我国的创新历程可以发现，我国金融创新有如下特征：①吸纳性创新多，原创性创新少。②创新层次低，主要表现为数量扩张。③负债类业务创新多，资产类业务创新少。④区域特征明显，特区和沿海城市金融管制相对较松，市场比较活跃，创新比较集中。⑤金融创新靠外力推动，内部驱动不足。创新主要由体制转换和改革等外因推动。⑥资金滞留在一级市场多，进入实体经济少。

二、金融创新对货币定义和货币划分的影响

从货币发展的整个历程来看，一般认为货币经历了朴素的商品货币、贵金属货币、代用符号货币、电子货币四个阶段。各阶段就其作为货币的价值与本身所包含的价值而言，具有实物货币、金属货币、信用货币、电子货币、数字货币等多种形式（其中数字现金是电子货币发展的较高阶段形式）。金融创新的日新月异使得理论界对货币的定义变得日益困难。

（一）货币流通速度和货币乘数的关系

货币乘数是指在基础货币（高能货币）基础上，货币供给量通过商业银行的创造存款货币功能，产生派生存款的作用产生的信用扩张倍数。根据货币乘数理论其公式为：

$$K_2 = \frac{M_2}{B} = \frac{1+c+t}{c+rd+t \cdot rt+e}$$

其中，K_2 为广义货币乘数，c 为现金漏损率，rd 为活期存款准备金率，t 为定期和储蓄存款占活期存款的比重，rt 为定期存款准备金率，e 为超额准备率。

$$K_2 \cdot B = \frac{GDP}{V}$$

不难看出，在一定的名义 GDP 下，货币乘数B和货币流通速度V之间存在着反比关系，即在一定的产出水平下，货币流通速度增大，则货币乘数减少；反之亦然。所以要分析金融创新对货币流通速度的影响，只要找出影响货币乘数的因素，就可以得出相应的结论。

（二）从修正的货币乘数看金融创新对货币流通速度的影响

金融创新对货币的定义和货币层次的划分产生了深刻的影响，随着金融工具种类的不断丰富，无论是流通中的现金还是各类存款等流动性不同的货币供给都发生了较大的变化。金融创新对货币乘数的各种影响因子的影响变化如下。

1. 对现金的影响

随着电子技术的日益成熟，电子货币的发展将会成为货币的主流。经济体之间的借贷、消费、转账等将无一不是通过网络进行结算，支票和现金结算将逐步减少。特别是数字现金在银行存款转移支付工具的逐渐深化和对现金通货的逐渐挤占的基础上发展起来，成为电子货币的高级发育形态，是货币经历实物货币、贵金属货币、代用符号货币（纸币）等各种发育阶段类型后不断发展和演化的产物，具有良好的匿名性、无限的分割性、真实的价值性、快捷便利和可交换性等一系列的优点。可以推知，货币形态演化的这种趋势将使数字现金不断挤占现金通货纸币和存款通货的某些形态，逐渐成为未来数字货币时代的最主要流通货币形式之一，成为现金纸币通货和存款通货的最佳替代者。因此，从其一问世以来便迅速挤占现金和存款通货中数字现金前期各种发育形态的电子货币的位置，并且后来居上。不难推知，随着数字经济对整体经济增长贡献率的提高，实体经济对现行的现金纸币通货的需求将因数字现金的逐渐挤占而大幅缩减到少量存在，数字现金则会广为流行，而大部分结算性临时存款通货将逐步转化为数字现金形态，小部分仍将以卡型电子货币形态和存款转账型电子货币形态存在，但也将逐渐向数字现金形态转化。

2. 金融创新对货币层次和货币乘数的影响

金融创新使传统的货币层次划分变得越来越模糊，各种货币之间转变的交易成本越来越低，而且货币层次越来越多，如 NOW 账户、ATS 账户等。特别在西方国家金融市场，由于不断创新，金融产品日益增多，不同流动性的金融创新产品在不同程度上充当了商品交换的媒介，成了事实上的货币。这样一来货币的供应规模量也不断扩大。这里可以引入一个金融创新下可以充当货币媒介可替代性金融资产的一个量，即在货币供应量上加入一个量 Mc，所以金融创新下货币供应量为：

$$M^* = C + Dr + Dt + Ce + Mc$$

其中，Ce 为数字现金，Mc 为金融创新下的可以充当货币媒介的可替代性金融资产。

所以，新的货币乘数为：

$$K^* = \frac{1+c+c_e+t+t_c}{c+c_e+r_d+t\cdot r_t+r_e\cdot c_e+e}$$

其中，ce 为数字现金占活期存款的比例，tc 为替代性金融资产占活期存款的比例，re 为数字现金的准备金率。

为了方便分析，假设在金融创新下活期存款占比 t 和法定存款准备金率 rt 不变。那么在金融创新下：

①由于数字现金对纸币现金的挤占，现金的漏损率 c 逐渐变小，所以货币乘数增大，货币流通速度降低。

②数字现金占活期存款比例 Ce 增大，货币乘数减少，货币流通速度增大，如果央行监管严格，即数字现金的发行只由央行或由央行指定的某些商业银行进行，货币乘数减少幅度变少，货币流通速度增幅增大。

③替代性金融资产占活期存款的比例 tc 增大，货币乘数增大，货币的流通速度降低。

④金融创新使各种资产的转换更加快捷灵活和费用低廉。特别是商业银行的存、贷款业务空间的减少，企业和个人资产选择的空间更加广泛，所以超额准备金数量和超额准备金率 e 将逐步减少，货币乘数增大，货币的流通速度降低。

综上所述可知，金融创新对货币流通速度的影响可以从不同的方面得到解释，其中现金漏损率的降低、替代性金融资产比例的增大和超额准备率的下降都使货币的流通速度降低，而数字现金占活期存款比例则会使货币的流通速度加快。总的来说，由于数字现金和活期存款的流动性都比较强，在一定时期内产生较大的相互替代可能性不大，所以要考察在一定时期内货币的流通速度或者货币乘数发生变化总的趋势是：金融创新使货币乘数增大，流通速度下降。

三、金融创新道德风险的防范措施

以上分析可以看出，金融创新所带来的道德风险及负面效应是比较严重的。就我国目前而言，虽然金融创新的势头很猛，监管体系比较严格，但道德风险也有不同程度的存在，并且由于不少商业银行和投资银行为追求高额利润，不断推出创新产品和理财产品，使得道德风险问题日益突出。为此，应采取以下措施加以防范。

（一）加强金融监管的有效性，对不道德行为进行外部控制和规范导向

如果假定金融创新是必要的，那么，对金融创新的监管和控制就是解决危机、控制道德风险的主要方法之一。金融监管既能降低金融市场的成本，维持正常合理的金融秩序，又能提升公众对金融业的信心。在受监管的金融创新中，个人和企业通常认为政府会确保金融机构安全，或至少在发生违规时会有支付保障，因而减少了对金融创新道德风险的担忧。

在金融监管的实施过程中，金融监管的效果无疑是检验金融监管的重要标准。金融监管的有效性则是控制道德风险的重要条件。金融监管的有效性在于所有的金融创新行为都必须在监管之下。

金融监管措施的制定还要充分体现金融监管的导向作用，这种导向一定要有利于处于弱势一方的投资者利益，有利于培养和鼓励金融创新者的道德行为。我国在金融监管方面推出的一些举措作到了对投资者利益的保护。

我国在保护消费者利益方面提出了很多严格的要求。中国银行保险监督管理委员会已经注意到，目前商业银行在创新业务活动中对消费者利益的保护还不到位，因此特别强调了充分的信息披露和对客户的尽职责任。商业银行向客户销售创新产品时，风险提示要放在销售合同的显著位置，帮助客户理解产品的风险特征，确保客户购买到与自身实际需求、风险认知能力和承受能力相匹配的金融产品。

从具体措施来看，实施监管要加强立法和监督，加大对投资者利益的保护；制定有关措施解决代理人问题；从制度上规范信息披露行为，减少信息不对称带来的道德风险。此外，还要建立金融创新产品的稽核制度，制定金融市场参与者的准入条件，对创新业务实施风险管理等。总之，要把金融监管措施落到实处。

（二）设置信用扩展的边界，加强金融系统的道德责任意识

除外部监管外，银行信用体系建设对道德风险的控制是十分必要的。金融创新必定会打破旧有信用体系的模式，使原有的一系列信用体系包括评价体系发生

变革。然而，这种变革绝不是以牺牲或稀释对客户的承诺、减轻对消费者的道德义务以及道德责任为代价的。因此，在金融创新的过程中要强化信用担保制度和信誉评价制度，并加强权利与责任意识。

就强化信用担保制度而言，金融创新必须要有确定性的担保和承诺。目前，在衍生金融工具的发展和金融资产证券化的过程中，出现的许多证券形式和融资方式，特别是金融资产证券化而形成的各种虚拟资本，都已游离于物质再生产过程而相对独立化。而金融体系的信用确立归根结底是相信货币资产最终能转化为真实的社会财富，一旦二者脱节或彼此分离，就会产生模糊、混乱和无序，从而产生信用危机和道德风险。

在次贷通过证券化转为次债的过程中，就存在信用担保危机引发的一系列问题，如过度担保问题，信用增强的手段过于单一问题等。因此，要确立信用的边界，不能过度和滥用信用担保。

就建立和完善评价体系而言，要切实搞好信用评价体系这个环节。建立良好、公正的信用评价体系可以为金融创新的评价起到基础性的作用。信用评级可以为投资者提供及时、有效的信息，减少投资者的信息搜寻成本和决策成本，使投资者给出真实客观的评价，从而使好的创新金融产品得以吸引更多的资金，对金融机构起到外部激励的作用。目前，中国还缺乏完善的金融创新评级制度，这在某种程度上使投资者处于不利的地位，加剧了金融创新者的逆向选择。

就权利与义务的关系而言，在金融创新中要进一步深化和扩展权利与义务的关系。债权与债务属于权利与义务的关系，消费者与银行的关系也是如此。金融创新要强调对投资者的义务。如果以"买者自负"作为逃避对金融创新产品消费者的保护，就是逃避对投资者的义务和责任。

（三）培养和增强道德自律意识，从自身的内在控制抵御道德风险

监管政策和措施总是滞后的。这就要求除技术控制和监管外，行业自律和职业道德规范成为保证交易市场公平、公正和公开的重要手段。

要做好内部控制工作，首先要建立道德自律约束机制。金融创新增加了技术的复杂性，各层面的投资者对风险的认知并不全面，对后果的预估不准确，这容易导致欺骗行为的发生。金融系统应建立行业自律，以规范因过度竞争引发的投机行为和不道德行为。

其次，决策者要将道德决策贯彻在创新决策中去。金融部门负责人在金融创新的计划中往往忽视了道德决策的重要性。道德决策就是要将金融创新决策所涉及的相关人的利益考虑进去，而不是仅仅只考虑自身的利益。他应该对采用何种金融工具、拓展什么样的金融产品进行考量。然而，有的金融机构在决策中或在金融产品的模型设计中没有将道德因素考虑进去。

再次，提高从业者的职业道德要求。银行开展金融创新活动，应遵守职业道德标准和专业操守，完整履行尽职义务，充分维护金融消费者和投资者的利益。

第二章 金融创新的体系结构

第一节 金融业务创新

一、商业银行金融创新

(一)商业银行金融创新概述

1. 商业银行金融创新内涵

金融创新是指变更现有的金融体制和增加新的金融工具,以获取现有的金融体制和金融工具所无法取得的潜在利润,它是一个为盈利动机推动、缓慢进行、持续不断的发展过程。金融创新的范畴涵盖了广义和狭义两层内容。广义的金融创新主要包括金融产品与金融工具的创新、金融服务的创新、金融市场的创新以及金融机构职能的创新。金融创新的发展,以 20 世纪 60 年代,经济的迅速发展、资本流动的加快为背景,以 20 世纪 70~80 年代的放松管制为契机,一直保持常盛不变的势头。进入 20 世纪 90 年代,国际金融创新围绕着表外业务、筹资证券化以及金融市场全球一体化三个方向迅速发展。目前,国际金融创新主要有以下几方面的趋势:金融产品、金融工具的创新多样化、表外的重要性日趋增强、融资方式证券化、金融市场一体化趋势。金融创新的主体是我国的商业银行,既包括国有独资商业银行,也包括股份制商业银行。

2. 商业银行金融创新特点

(1)创新是一个连续不断的过程

虽然最近几十年来金融创新速度快于任何一个时期,金融新产品的出现比任何时候都多,但此前的金融创新也并没有停滞过,就像整个社会在渐进中进步一样,很多金融创新也都是在人们不知不觉中进行的。

(2)创新以技术进步为前提

现代的金融创新几乎都跟科学的发展和技术的进步高度相关，金融新产品的发明和新手段的运用尤其如此。特别是计算机出现之后，银行是除了军事部门之外第二个应用最多最广的行业，互联网的出现几乎成了为银行"量身定做"的"新衣裳"。

（3）创新的"新"与"旧"之间并不存在非常严格的分界线

每次创新都是一种革命，都是一种突破性的新创造。银行业作为一个传统行业和古老行业，它的继承性很强，虽然金融创新的紧迫感很强，但继承性的烙印也很明显。

（4）创新的成本不低，但极易被模仿，且被超越的周期很短

许多金融创新，特别是一些金融衍生产品的创新，需要花费创新者大量的劳动和财力，但当它推出来之后，同业之间便很快可以借鉴和模仿，且模仿者还可以在原创的基础上作进一步改良，从而实现某种程度的超越。这表明，金融创新的专利性是不强的，其普及、应用和推广都相当容易。这正是人类在金融领域得以进步和快速发展的特征之一。

3.商业银行金融创新理论

银行业务创新作为金融创新的一个重要组成部分是在实践中发展起来，其理论依据主要来源于当代金融创新理论。金融创新理论流派繁多，各有见地，但都是从不同角度探讨金融创新的成因问题。其中比较具有代表性的有以下几种：

（1）"财富增长"理论

社会财富的增长对金融创新的需求是导致金融创新活动的根本动因。"财富增长"理论单纯从市场需求的角度剖析金融创新的成因，忽视了金融管制、利率和汇率的变化、竞争等因素的影响，不免有失偏颇。但是，该理论将金融创新视为以市场需求为导向的市场性行为的观点仍然具有很高的价值和实际意义。

（2）"交易成本"理论

由科技进步引发的交易成本的降低，改变了经济个体的需求结构，从而促使金融机构不断进行金融创新，更好地满足人们的需求。"交易成本"理论实际上从降低成本的角度暗示了金融机构追求利润的动机，强调了金融机构创新的内在动因，忽视了外在环境对金融创新的影响，同样具有一定的片面性。

（3）"技术推进"理论

技术的发展是导致金融创新的主要因素。"技术推进"理论将技术发展作为

金融创新的主要动因，显然是值得商榷的。虽然科学技术的进步对金融业的发展创新起了巨大的推动作用，为金融机构的创新提供了新的方法和手段，但是金融创新活动从金融行业诞生的那一天起就已经存在，并不只是在新的技术产生后才发生的，技术的发展应当被视为金融创新的一种动力和手段。

（4）"货币促成"理论

国际货币体系的变化，特别是20世纪70年代汇率、利率的变化，以及通货膨胀的影响，对金融机构提出了挑战，形成了威胁。这促使金融机构通过金融创新抵制这些货币相关因素波动所产生的影响。期权、期货等新的金融衍生工具就是为了应对这种货币风险而进行创新的有力例证。因此，该理论的结论是货币因素的波动导致了金融创新的行为。"货币促成"理论从规避市场风险的角度阐述了金融创新的成因，紧密结合了金融行业发展的重大历史事件，具有明显的时代特征，但只讨论了金融创新动因的某一个方面，缺乏系统性。

（5）"规避管制"理论

金融监管和金融创新之间的矛盾实际上是代表公众利益的监管机构和为了追求自身利益的金融机构之间的矛盾。而这种矛盾正是导致金融机构进行创新的根本原因。"规避管制"理论认为，金融创新和金融监管之间存在着互相促进的辩证关系，即监管——创新——新的监管——新的创新。

（6）"制度改革"理论

在计划经济制度下，过分严格的管制大大限制了金融创新的发展，其表现为金融品种少、范围窄，金融服务和管理意识都比较落后；同样，如果在完全自主发展的市场经济制度下，金融创新虽说不受任何限制，但是那些为了规避行业管制的创新就无法发生，这也将大大影响金融创新的发展。由此，该理论得出的结论是只有在受管制的市场经济制度下才能最好地激发金融创新。与"规避管制"理论不同的是，该理论认为社会制度改革是促进金融创新的主要原因，并间接地将监管行为视为金融创新的动力。

（二）商业银行金融创新的动因、现状与效应分析

1. 中国商业银行金融创新的动因分析

随着管制放松、国有商业银行改制、信息技术进步、利率的市场化等经营环境的改变，我国商业银行的传统核心竞争力受到了挑战。商业银行的金融业务创新是一种实现经济目的的活动，其主要目标是创造更多的利润，规避金融风险，

以求得自身的生存和发展。

从我国商业银行内外环境来研究金融业务创新的动因，可以分为内在动因和外在动因。

（1）金融创新的内在动因

①利润驱动创新。随着我国金融机构间传统壁垒的消失，单靠有形产品本身价格的优势已很难取得竞争优势，银行存贷款市场已由卖方市场转向买方市场，银行的存贷利差缩小，经营成本增加，价格竞争行为正在缩小商业银行的盈利能力。商业银行在追求利润时才会产生创新需求，利润驱动成为商业银行创新的主要内在动因。商业银行主要以降低交易成本创新、提高经营效率创新、流动性增强创新和金融产品创新为主要手段获得利润。

一是降低交易成本创新。金融创新的支配因素是降低交易成本。商业银行通过创新能带来特殊收益，降低成本，增大利润空间，具有明显的价格优势，从而扩大市场份额，获得超额收益。

二是提高经营效率创新。一方面，通过大量提供具有特定内涵与特性的金融工具、金融服务、交易方式或融资技术等成果，从数量和质量两个方面同时提高需求者的满足程度，增加了金融商品和服务的效用，从而增加了金融机构的基本功能，提高了金融机构的运作效率。另一方面，提高支付清算能力和速度。自从把电子技术引入支付清算系统后，提高了支付清算的速度和效率，大大提高了资金周转速度和使用效率，节约了大量的流通费用。只有这样才能提高金融机构经营活动的规模报酬，降低平均成本，加上经营管理方面的各种创新，使金融机构的盈利能力大为增强。

三是流动性增强创新。流动性增强创新产生于对流动性需求的增长。在商业银行的资产中，有的金融资产是缺乏流动性的，如汽车消费贷款、固定资产贷款、信用卡应收账款和住宅资产净贷款等，银行只能等待到期以后才收回这些贷款或账款。而有的金融资产是富有流动性的，如证券，投资者可以随时在证券市场上把证券卖出去。在金融市场相对发达的情况下，商业银行更多地通过主动负债来获取流动性，这样可以降低非营利的现金资产，扩大盈利性资金的运用。对于银行来说，为了提高资金的效率，有必要将流动性较差的资产转变为具有流动性的证券。因此，商业银行通过金融创新以特定方式保持对外支付能力，以防止优质客户的流失；避免负债和资产利率敏感性不匹配的情况下，利率变动对银行净利差收入产生的重新定价风险。

四是金融产品和服务创新。面对激烈的竞争环境,商业银行应该着重服务于产品的创新。针对个人客户推出个人委托业务、基金销售、保险销售、贷款证券化等。有实力的银行应提出"大金融超市"的概念,即投资者在一家银行里就可以享受存取、购买保险、基金、国债、住房信贷等业务的"套餐"服务。针对公司客户推出现金管理业务、贷款证券化、咨询顾问业务、金融衍生工具、信托业务和金融租赁业务等。商业银行只有在金融产品及业务上创新才能拓展业务领域空间,提高服务功能和效率,从而推动商业银行的健康稳健发展。

②规避风险创新。随着我国利率市场化进程不断推进,利率市场化从利率水平骤然升高和不规则波动性加大两个方面,加剧了银行的脆弱性。另外,在商业银行的信贷营销中,由于大企业和优质项目融资渠道较为广泛,利率的市场化使商业银行在对其发放贷款时很难上浮利率,一般采取利率下浮的政策,以占据市场份额。一旦市场上存贷利差出现大幅度下降,对收入主要来源依赖存贷业务利差的商业银行来讲,其竞争风险将加剧。因此,商业银行应利用金融创新缓解利率市场化所带来的市场风险和商业银行竞争风险。

③规避管制创新。凯恩提出了规避型金融创新理论。所谓"规避创新",就是经济主体为了回避各种金融规章和管制的控制而产生的一种创新行为。国际金融界在放松对金融机构行政式直接管制的同时,加强了以促进银行谨慎经营为目的的风险管理,并加强了对金融创新业务,特别是衍生业务的管制。金融管制的目的是保证整个金融体系的稳定和金融机构的经营安全,而金融创新多是为了逃避管制,直接创立新的金融工具,并广泛推广,从而获得超额利润。

④主观能动创新。商业银行优秀人才的主观能动性表现是否激烈、敏锐,取决于商业银行成员所追求的最大利益目标和成员的素质。优秀人才的流失将会严重影响中资银行竞争力的提高。对于商业银行来说拥有优秀的人力资本虽然重要,但他并不足以保证它们能发挥主观能动性进行金融创新从而带来利润的增长。这需要一套有力的激励机制,就像市场提供的机制一样,它保证了发明及其转化的产品从创新就直接服务于生产并能带来利润的增长。因此,商业银行应提供一套有效的激励约束机制,充分发挥员工的主观能动性,在促进金融创新的同时避免了优秀人才向外资银行的流失。

（2）金融创新的外在动因

商业银行的外在动因是指商业银行创新系统外部的动因因素，它是金融创新的条件，通过推动、驱动等方式，最终转化为创新的内在动因，对商业银行金融创新产生推动作用。

①技术推动创新。技术进步使计算机及电子网络技术在银行业的应用取得了长足的进展。商业银行不仅将技术作为创新手段，而且更重要的是，金融服务方式发生了巨大的变化——出现了电子金融。技术进步能够使商业银行通过将劳动和资本等生产要素与更低的成本结合，并为其客户提供更多、更新的金融产品来获得更高的利润。

②需求驱动创新。在现代信息技术发展和商业银行服务综合化、全能化的趋势下，客户对商业银行提出了更为多样化的服务要求。消费者需要方便、低廉、优质、高效、多样化的金融服务，包括传统银行服务、新型保险、证券投资、理财等服务。信息技术的日新月异也刺激了企业客户需求目标的提高以及银行客户需求的多元化和高层次性，导致金融创新呈现出良好的发展趋向。

③竞争逼迫创新。商业银行不仅面临着激烈的国内同业竞争，还面临着强大的国际竞争对手。随着中国金融市场开放程度的逐步提高，外资银行全面参与中国银行业的竞争是无法回避的事实，我国银行业将面临严峻的考验。商业银行要想在激烈的竞争中立于不败地位，就必须改善经营机制，进行金融创新，通过产品创新来提高综合竞争力，保持原有的市场地位或占有新的市场。

④管制放松创新。20世纪90年代，金融创新与金融监管的关系发生了变化，各国政府放松金融管制成为一种趋势，由原来强调公共利益优先逐步转向强调竞争和减少保护，提高金融业的市场效率。目前，我国政府所采取的利率市场化改革、对国有独资商业银行改制、商业银行设立基金公司等措施都促使了国内商业银行进行金融创新，以获得竞争的比较优势。

金融创新浪潮对我国的金融市场产生了巨大而深远的影响。它在提高金融机构获利可能性的同时，也对金融系统和货币政策提出了严峻的挑战。随着世界经济金融全球化、一体化进程的加快以及科学技术的突飞猛进，商业银行创新将是全方位的，它涵盖金融商品、交易方式、组织形式、经营管理和金融监管等领域的革命性变革。因此，我国的商业银行应在客户、业务、区域、市场等方面有所侧重，将内外动力系统有效地结合，才能实现在经营理念、金融工具、金融制度、金融技术、金融机构和支付方式等方面的创新，只有这样才能抓住发展先机，在国内市场立于不败之地，在国际市场上立足。

2. 中国商业银行金融创新的效应分析

（1）商业银行创新提高了经济社会的效益和效率

一是商业银行创新增加了经济社会的有效需求。商业银行创新对经济发展的效果，通常以金融资源的开发、利用与配置状况来衡量。在持续性的商业银行创新浪潮中，各种迎合投融资者偏好的新产品或品种还在源源不断地上市，使金融市场始终保持着对投融资者足够的吸引力，这必然活跃了交易，繁荣了市场。大规模、全方位的商业银行创新，使商业银行提供的金融商品总量增加、范围扩大，即使在总效用不变的情况下，由于需求者享受了更多的金融商品，也能使无差异曲线上移。因此，在一个高效完整的金融市场，商业银行通过创新活动既能提供各种方式、各种额度、各种期限和各种利率的金融商品，又能使交易双方在市场上都能获得比较满意的交易效果。而且商业银行创新越活跃，新的金融商品的种类越多，其社会总效用就越大。

二是商业银行创新使经济交易活动的便利度上升。在全球经济一体化的发展中，债权债务关系纵横交错，支付清算关系日益复杂。把电子计算机和通信网络引入商业银行的支付清算系统是最为成功的创新之一。客户只要将其电脑终端与银行电子计算机联网，往来账户间的资金转移、账单支付、票据传递、报表提供等都可以通过电子计算机处理。它打破了传统转账系统的时空限制，摆脱了繁重的手工操作，成百倍地提高了支付清算的速度和效率。

三是商业银行创新优化了货币政策的传导机制。20世纪70年代末以来，随着商业银行创新的发展，许多国家都不同程度地放松了利率与外汇的管制，例如，出现了"浮动利率贷款"和"浮动利率抵押贷款"等创新商品，这些创新商品的利率直接与市场利率相关，能充分体现市场收益率。当商业银行创新改变了货币政策的传导机制，促使一国货币政策工具选择更偏向于市场导向的操作时，必然会促进该国金融市场的发展与完善。要使货币政策工具的传导机制发挥作用，金融市场中除了信息传递灵敏、交易的有价证券种类多、规模大外，还要使金融市场达到一定的广度、深度和弹性要求。

（2）商业银行创新进一步促进了自身的发展

一是商业银行创新提高了其现代化经营管理水平。商业银行创新活动的普遍开展，可以带动商业银行经营管理向更高、更深层次发展，使商业银行在经营管理过程中更注重经营成果的考核，强调经营手段电子化，侧重财务成本控制，合理配置组织机构，讲究激励机制的运用，并以其来实现其利润的最大化。商业银行创新的"双刃剑"作用也促进了国际商业银行监管的强化，其最突出的表现为对资本充足率的监管。

二是商业银行创新扩大了其经营范围。20世纪70年代后，随着科学技术的进步以及受金融自由化、国际化、电子化的影响，商业银行的创新活动涉及金融领域的各个方面。从金融商品看，出现了期权、期货、债务掉期、利率掉期、货币掉期等一系列金融衍生产品；从交易方式看，出现了银团贷款、可转让贷款证券、欧洲票据等一系列新的交易方式；从操作手段看，出现了银行信用卡、电子转账系统、自动清算所、自动出纳机、电话银行等；从业务范围看，突破了商业银行传统业务的禁锢，大举挺进投资银行业务、保险业务以及信托业务等领域。这些商业银行创新有的能给金融消费者提供多元化投资组合服务和个人理财服务；有的不仅能给金融消费者带来较高并且稳定的收益率，而且还提高了金融消费者的资产流动性。因此，商业银行创新对广大金融消费者乃至企事业单位都产生了巨大的诱惑力，从而扩大了商业银行业务范围，增强了商业银行对经济社会的吸引力。

三是商业银行创新增加了商业银行的盈利收入。商业银行收益结构中非资产性盈利收入增加尤为迅速。这些非资产性盈利收入包括各项业务的手续费收入、信托业务收入、租赁业务收入、其他非利息收入以及来自各种咨询业务、现金管理、证券承销与托管、信息服务、表外业务等手续费或佣金收入。20世纪80年代以后，这部分收入占商业银行总收入的比重快速上升。

四是商业银行创新有利于降低和分散风险。商业银行创新增强了抵御个别风险的能力，特别是在金融市场上创造各种避险性金融商品与交易新技术，对于剔除个别风险有较强的功能。例如，汇率、利率的频繁波动给金融消费者带来了极大风险，商业银行通过创新活动，提供给经济社会各种金融期货、期权以及互换等新的金融商品，帮助金融消费者进行多元化资产组合，并及时调整其组合，从而达到分散风险或转移风险的目的。商业银行创新还可以达到分散或降低单个银行风险的目的。

（三）商业银行金融创新的对策

1. 完善金融监管体制

金融创新是把双刃剑，在促进商业银行快速发展的同时，也极易产生金融风险。金融危机之后，金融创新的积极作用受到了质疑。所以，金融创新必须与金融监管相适应，超出现有监管能力去创新，可能出现金融创新的过度与失控，就会引发金融系统性风险或金融危机。因此，金融创新的规模和速度应取决于金融监管者的资源和能力，金融创新必须在监管者的控制范围内。这就意味着，如果金融监管者的资源和能力有限，而且不能很快加强和提升，就必须放慢金融创新的速度，严格限制金融创新的范围。因此，要努力构建和完善以中国银行保险监督管理委员会监管为主体、以金融机构内控为基础、以行业自律为制约、以社会监督为补充的银行监管体系，形成严格高效的全方位监管格局，最大限度地促进银行机构的创新。

（1）加强行业专业监管

在明确行业监管责任的基础上，进一步强化相互之间的协调配合和信息共享，加强对金融创新的功能性监管，最大限度地减少金融创新监管的模糊领域和真空地带，防止金融创新的失控，防止金融风险的跨行业、跨市场传染。

（2）强化金融机构法人的监管

加强法人的公司治理和法人对风险的整体管控，提高金融机构自身的风险管理能力和水平。金融机构的董事会要制定明确的金融创新战略和风险控制战略，要有严格的风险上限和容忍度；高管层要科学管控金融创新过程中的风险，实施严格的风险管理流程；监事会及内审风控部门要对战略实施情况及相关政策、制度和流程的有效性进行严格监督。

（3）改进金融监管方式

首先要根据其结构、功能、风险及风险传染性等特征，对金融创新的业务、产品、工具进行科学分类，并在科学分类的基础上，在市场准入、审核程序、现场检查、信息披露和监管干预等方面，实施差别性的分类监管。其次，要突出重点，对高杠杆、高风险、结构复杂及风险传染性强的金融创新业务和产品，实施更严格的市场准入、信息披露和监管检查。再次，监管当局要凭借自己的专业能力和判断，对金融创新进行前置性、动态性、差别性、全过程的监管。最后，要严格执行公开、公正、透明的原则，有效监督信息披露的充分性和可靠性，加强投资者和市场对金融创新业务及产品的监督。

（4）改进金融监管手段

要将监管人员的经验判断与信息科技手段很好地结合起来，将非现场监测与现场检查很好地结合起来，将计算机软件模型运用与监管人员的直接抽查检查很好地结合起来。通过改进监管手段，提高监管手段的科技含量，以提高监管效率，科学配置和使用监管资源，增强监管的前瞻性、及时性、针对性和有效性。

（5）完善金融监管的相关制度与法规

对金融创新的有效规范和监管，需要配套制度和法规的支持和保障。除了要有相关的监管制度法规、金融业务规范制度法规外，还需要建立和完善金融机构破产关闭的法规、存款保险制度、投资者和金融消费者保护制度以及地区性系统性金融风险的预警、处置机制。

2. 构建组织管理模式

从业务创新组织管理模式来看，目前我国的商业银行组织体系是一级法人，集约化经营、专业化管理，分支机构自主权限较小。我国传统银行业组织结构设置纵向叠床架屋，以行政区划各自独立，横向以功能划分，既缺乏制约，又不能协调，严重影响了银行业务创新能力的提升和内部管理效率的提高。在这种组织体系下，基层分支机构即使有创新动机，也没有专门的研发机构和人才。

（1）建立业务创新的组织机构

要有专门负责业务创新的研究开发和组织领导机构，并明确分支机构在业务创新活动中的地位、职能和作用，从而形成一个涵盖市场需求、可行性论证、产品研发、试点投放、跟踪反馈、改进推广各环节，各司其职、各负其责，有机联系且有序运转的业务创新管理机制。

（2）构建流程银行的组织模式

流程银行是以银行再造为基本内容的银行变革。银行再造就是以客户和银行核心竞争力为中心再造业务流程，以业务流程为中心再造管理流程和支持流程，最终在金融市场和银行决策层建立起满足客户立体化、多层次服务需要的业务和服务流程。通过根本性变革，流程银行将围绕客户的需求，建立贯穿前中后台，高效、灵活、创新的各类流程，变革组织构架、资源配置与考核体系，体现和提

第二章　金融创新的体系结构

升核心竞争力。

（3）建立高素质专业人才队伍

商业银行的业务创新离不开高素质的人才。为此，银行除了从国内外的大专院校、金融同业及其他社会机构等引进所急需的专业人才外，更重要的是做好现有员工的理论与技能培训工作，注重扩大员工的知识面，使其掌握更多更新的专业理论和专业知识，提高其接受新业务和进行业务创新的能力。

3. 健全金融创新机制

（1）完善信息传导机制

要尽快完善自上而下、自下而上的多渠道信息传导机制。国内商业银行的分支机构要提高对市场需求信息、创新产品市场动态的反应能力，不断提出对创新的意见建议，积极向上反映。要加强市场调研，跟踪国内外金融服务、金融产品的新动向，明确战略目标，积极推动业务创新，同时指导经营机构对创新产品的市场营销。

（2）建立产品研发机制

要从战略高度出发，建立健全符合中资商业银行和国内金融市场实际情况、具有前瞻性的业务创新产品目录，依据创新需求的迫切程度，处理好短、中、长期效益的关系，对业务创新产品有计划地组织研发。在产品研发过程中，要注意结合商业银行业务流程实际情况，满足客户需求和风险控制需求，不一味求新，不盲目开发不适应国内市场和加大银行风险的产品。

（3）建立考核激励机制

明确业务创新开发、研制、管理等方面的要求。明确部门间的权责。明确业务创新的奖惩措施，从战略高度建立和完善金融创新的激励机制，最大限度地激活创新的内在动力。在加大物质激励力度的同时，要注重精神激励，形成尊重人才的浓厚氛围。考核激励机制在注重强化创新精神的同时，要培育风险防范意识，在注重考核创新产品数量的同时，更要注重考核创新产品产生的效益。

（4）健全法律保障机制

要为商业银行业务创新提供法律保障，通过对商业银行业务创新知识产权的保护，对有利于经济发展、扩大金融消费的金融创新产品给予政策优惠，如允许商业银行申请业务创新产品的专有权利,给予商业银行的业务创新一定的保护期。

对于一些创新产品，还要给予法律上的保障。

4.建立风险管理体系

金融机构在设计金融创新产品时，首先必须自觉地将其风险降到最低，并建立严格的制度来落实风险防范措施。要建立起有效的创新业务风险预警机制，自觉利用市场来检验各种创新业务，监督其风险，适时完善创新产品，并建立起有效的风险预防体系和严格的后续监督机制。对于一些目前我国还不具备发展条件、投机和虚拟性较大的金融创新，应认真研究，严格控制，审慎发展。

（1）树立风险成本理念

目前，部分商业银行对金融创新的风险成本没有正确的认识，因惧怕产生风险使得创新缺乏动因。开展业务创新，就必须树立风险成本理念，鼓励大胆尝试，包容失败。引导员工以积极的方式对待业务创新，勇于进取，敢于承担创新风险。

（2）明确风险管理原则

金融机构在创新产品、推出新业务时首先要遵循谨慎决策的原则，切勿盲目从事，急于求成；其次，还要遵循分散风险的原则，扩大经营范围，实行多元化经营，以达到分散风险的目的；此外，还要遵循规避风险的原则，避开高风险业务，以达到规避风险的目的。

（3）建立风险管理制度

金融机构要制定统一有效的、切实可行的风险防范制度，并结合自身的特点，在实践的基础上建立一套科学的风险预测评估指标体系。通过该体系，随时对各项业务创新的风险作出比较准确的监测和判断，测算风险的时间、风险发生的环节、风险量以及风险化解的可能性，及时通过系统指导各行解决问题，化解风险。同时，通过建立动态风险报表，随时发现业务创新中存在的风险隐患，并协同业务部门就该风险制定措施，降低风险的发生率。

（4）加强创新主体内部监管

金融创新主体应根据自身的规模、资金、能力等确定表外业务占全部资产额的比例，并把握好表外头寸。同时，表外业务与表内业务要分开管理，建立完善的表外业务报表制度，加强表外业务的统计和核算。此外，还要加强对表外业务定期与不定期的内部稽核，及时发现表外业务经营中存在的问题，并制定出应对突发事件的措施。

二、证券业务创新

证券业务也叫公开市场业务,是指中央银行在金融市场上公开买卖有价证券的一项业务。中央银行在公开市场买进有价证券实际就是投放了基础货币,卖出有价证券则是回笼基础货币。公开市场业务是中央银行调控货币供给的重要方式,是一项有效的货币政策工具。

随着我国加入 WTO,证券市场的国际化、市场化、网络化进程正在加快,证券行业的外部环境和内部结构也正在发生深刻的变化,传统的交易模式、运行规则以及经营理念已经受到一系列前所未有的挑战,这预示着中国的证券市场将迎来一场创新与变革的"风暴"。

(一)对新形势、新环境的认识

1. 加入 WTO 意味着我国的证券市场将逐步与国际接轨

首先,它要求我国的证券监管体制和市场游戏规则逐步走向国际化、市场化和法治化,券商业务的定位也应有相应的变化;其次,由于国内市场逐步对外开放,国外资本和国外机构的大举进入,国内券商的垄断地位将受到威胁,市场竞争将更加激烈;与此同时,国外券商先进的管理经验、管理技术及创新品种也会不断地引入我国,从而带动和推进国内券商乃至整个市场运作水平的不断提高。

2. 网络经济的迅猛发展,给创新提供了技术平台,给变革注入了催化剂

以证券网上交易为主要内容的证券电子商务将成为证券交易的一个主要手段,它打破了传统交易方式在时间和空间上的限制,以其高速度、高效率、低成本、全开放的优势,将引发证券交易业务的一场革命。

3. 加快推出各项改革措施,为创新变革提供有力的政策保障

在当前我国经济转型进入关键时期,各项改革措施的配套设置和循序渐进显得尤其重要,这样一个庞大复杂的系统工程需要管理层在目标方向、政策措施、方法步骤上总揽全局、精心策划、有力指导。

4. 国内券商自身的生存和发展是创新变革的内在动力

在加入 WTO 和目前分业重组的政策背景下,中国券商正在进行一场前所未有的机构兼并和业务重组,券商的竞争格局发生了重大改变,一个以不断扩大经济规模、改善内部治理结构、增强核心竞争力、提高集约化经营水平为特征的新

经营战略将把中国的券商发展推向一个新阶段。

(二) 证券业务创新与变革的具体内容

第一，从证券交易的市场划分来看，目前的总体思路已经明确。它可以概括为：沪深市合并，一、二板并存，三层次结构（主板、二板、场外交易），多品种发展，境内外互通。

第二，从证券市场的参与者来看，目前管理正在推行超常规发展机构投资者的战略，除了加速发展证券投资基金，还要全方位、超常规发展其他机构投资者，如保险基金、社保基金、债券市场基金、货币市场基金等，这些机构将成为今后市场的主力。同时，境外机构和投资人也是不可小觑的"黑客"，随着资本市场的逐步准入，其对国内市场的冲击和影响力不可低估。另外，随着证券网点的不断辐射和交易手段的不断更新，县以下城乡居民加入证券投资的人数也在加速增长。总之，投资者结构将发生重大变化。

第三，从证券交易的方式看，将会出现柜台交易、电子交易、网上交易、店头交易（场外交易）等多种方式并存的新格局。交易网点也会出现"有形"和"无形"并行、城市和乡镇共同发展、国内和国外相互联通的新发展模式。与此相关的交割清算、委托代理方式也会呈现多渠道和多样性。

第四，从证券交易的品种来看，目前开放式基金已经呼之欲出，A、B股并轨势在必行，股指期货等金融衍生物也会在不远的将来逐个推出。更有道琼斯、纳斯达克、恒生指数下的各主要境外市场上股票、债券及金融衍生物，国人在不远的将来也能可望可及。

第五，从证券交易服务手段来看，全方位、全天候、专业化、个性化、增值化服务将取代传统的广布网点、扩充硬件、以透支返佣为主要手段的粗放式经纪模式。委托资产管理业务将成为经纪业务的重头戏。研究咨询和投资理财水平的高低将是衡量一个券商竞争实力的主要标准。

第六，参与证券业务的机构也不再是证券公司独揽天下。随着开放式基金的推出和银证联网的加强，银、证、保三业交互营销，共享网络资源和客户资源已成必然趋势。国外机构也会把境外证券的投资和经纪业务延伸到我们国内。交易手续费的降低和证券公司利润的稀释在所难免。

第二章 金融创新的体系结构

（三）应采取的措施

以上令人眼花缭乱的变化趋势，对于我们每一个券商来说，可谓既感兴奋，又感压力，既看到了自身的差距和不足，也看到自身发展的机遇和前景。我们要紧紧抓住这个历史赋予我们券商发展的最有利时机，全身心地投入到这场创新与变革的历史大潮之中。

首先，我们要充分做好知识准备、技术准备和人才准备。人才战略应是目前阶段的核心战略。要建立起培养和吸引各类专业人才的有效机制，保证各项新业务能尽快接受，顺利推出。为适应国际化趋势，应加强知识和人才的国际交流，可采取请进来、派出去的办法来改善知识结构和人才结构。

其次，要按国际惯例和现代企业制度来改善券商的内部治理结构，提高经营管理水平。要真正建立起有效的内部动力机制、制衡机制和风险约束机制，在规范经营、依法经营和赚取"阳光利润"上下功夫，在特色化经营和集约化经营上寻找突破。这是券商在新形势下可持续发展的基本保证。

再次，在机构和业务的设置上要坚持多元化与专业化相结合，做到融会贯通，相得益彰。要按市场划分、交易方式的新变化重新设置管理部门和业务部门，如交易一部、交易二部、网上交易部、资产管理部、国际业务部，等等。

最后，要建立一支高水平的研究咨询队伍，提高经纪业务的服务水准。同时，要积极探索委托资产管理业务，实现传统经纪业务的突破，不断满足不同层次投资者的新需求。

三、保险业务创新

（一）全面风险管理内涵及特点

基于目标分析，传统风险管理只是被动地规避风险，全面风险管理是保险公司目标实现的基础和前提，需要制定不同的风险控制方法。基于管理主体分析，传统风险集中于财务部门的财务风险管理。互联网背景下，风险管控注重职工的主动融入和各部门帮助配合。基于管理客体来说，以往风险控制只注重某一风险个体，而互联网环境下全面风险控制更加全面，包含了市场风险、操作风险、信用风险。

（二）互联网保险发展模式

1. 互联网保险业务创新

"互联网+"环境下业务开展打破了传统保险人员展业销售、银邮代理、中介代理、电销等传统形式，直接借助线上销售再一次扩大了销售范围，也为保险类型开发设计创造了条件。

另一方面，客户体验上也有了一定提升，互联网保险更加趋于人性化、场景化。首先，保险类型创新。大中型保险公司为提高综合实力立足于市场精细化划分上，研发对口专业保险产品，比如铁路系统代理的短期意外伤害保险、淘宝运费险等。其次，组织创新。互联网保险公司打破了传统机构组成模式，节约了运营成本投入，并借助互联网技术和有利资源实现保险业务全过程服务。

2. 互联网保险商业模式发展

第一时期，萌芽时期，建立官方网站。较早以前就有大型保险公司建立了属于自己的官方网站，主要推广保险品牌与不同险种，增强企业形象。第二时期，第三方平台代理。该时期标志着互联网保险业务走向专业化、标准化，逐渐走向微博、微信或一些金融网站。第三时期，快速发展时期，出现专业的互联网保险公司。

（三）保险公司业务创新方法

1. 保险产品创新

伴随着互联网的快速发展，保险公司业务创新的显著成就是产品创新。基于"互联网+"环境下，保险公司通过数据分析掌握用户需求进而完善保险产品，出台了单一风险的分散型保险产品。此外，面对互联网业务拓展风险与保险要求，公司研发了高频的新型保险产品。同时，与第三方平台合作并对其庞大的客户资源综合分析，开展场景化保险产品研发。

2. 方法创新

近几年，保险行业发展如火如荼，销售路径越来越广，但是保险营销手段经济投入较大。而借助"互联网+"创新销售方法、降低营销成本，能够融入保险营销、理赔、售后等业务全过程。现阶段，多数保险产品可通过网络销售途径，例如官网店铺、电商平台、第三方机构等。

3. 服务创新

保险公司借助"互联网+"环境打破了传统空间和时间的约束,实现了服务内容、服务过程的创新,有助于提高服务质量,增加服务体验。

(四)保险公司风险因素

1. 数据失衡

"互联网+"环境下,一切业务办理、交流都是在虚拟条件下,保险合同签订时对方缺少全面沟通与完全信任。例如,工作人员在互联网环境下难以了解投保人与被保险人实际状况,容易出现信息登记不完整、缺少真实性从而导致道德风险与逆向选择。

2. 产品开发风险

保险业务开展多以数据信息提供为依据,目前我国互联网保险业务处于发展阶段,缺少精准的数据积累从而导致创新型产品定价差别,增加产品定价风险。另一方面,互联网保险产品类型逐渐趋于多样化,不过其结构有待进一步完善,多数为高效益低保障类型使得产品趋于同质化。

3. 网络安全

互联网保险业务创新需要依靠信息技术,然而信息技术在为其提供便利条件的同时也存在一定网络风险,集中体现在几点。第一,网络系统安全,如软硬件等基础设施异常、违规操作、信息技术设计不足、木马攻击等。第二,信息保密。网络环境下业务开展包含保险中介、保险公司、第三方机构、客户群体,涉及内容较多且网络节点复杂,容易导致客户个人信息泄露。第三,支付风险。客户在保险公司业务办理、支付时,由于技术漏洞会存在变更保险合同、存在支付结算风险。

(五)保险业务风险管控方法

1. 遵循保险特征

"互联网+"环境下开展保险业务,节约了经济投入,扩大了覆盖面积,保险公司从实地业务开展逐渐延伸至互联网。"互联网+"环境下保险业务将实现迅速发展,不过保险业务创新还应注意风险控制,一些保险产品与其目标背道而驰。产品创新时应围绕保障功能、客户权益、公正公平、保险利益等几方面开展。

2. 降低风险

若有新的保险产品上市在平台发布更新时应注意风险的管控。比如，人寿保险业务可以通过网络技术与科技对参保人身体健康状态评估，为参保人推荐科学饮食、适度运动等信息督促，有助于提高参保人身体素质、减少患病风险；在财产险中可以利用智能系统对客户住址监控，保证出现意外时得到及时帮助，及时切断危险源。

3. 构建系统网络保险监督管理制度

保险业务开展需要对人的身份状态、资金流动有所了解，因此政府、保险公司可以出台互联网保险监督管理制度。针对有异议的保险与网络风险，政府发挥导向作用，保险公司发挥主动性，从而实现良好合作。

4. 加大风险管控人才培养

保险公司的当务之急是建立内部培养体系，吸引高水平风险控制人才；同时展开人才引进措施，吸引外部专业人才，积累先进的风险控制经验，为风险管理提供人才支撑。

第二节　金融工具与金融市场创新

一、金融期货

金融期货是指交易双方在金融市场上，以约定的时间和价格，买卖某种金融工具的具有约束力的标准化合约，是一种以金融工具为标的物的期货合约。金融期货一般分为三类，货币期货、利率期货和指数期货。金融期货作为期货中的一种，具有期货的一般特点，但与商品期货相比较，其合约标的物不是实物商品，而是传统的金融商品，如证券、货币、利率等。

（一）金融期货基本知识

1. 主要品种

金融期货主要有三个种类：货币期货、利率期货、指数期货。

（1）货币期货

货币期货主要有欧元、英镑、瑞士法郎、加元、澳元、新西兰元、日元、人民币等期货合约。

主要交易场所有芝加哥商业交易所国际货币市场分部、中美商品交易所、费城期货交易所等。

（2）利率期货

美国短期国库券期货、美国中期国库券期货、美国长期国库券期货、市政债券、抵押担保有价证券等。

主要交易场所有芝加哥期货交易所、芝加哥商业交易所国际货币市场分部、中美商品交易所。

（3）股票指数期货

包括标准普尔500种股票价格综合指数、纽约证券交易所股票价格综合指数、主要市场指数（MMI）、价值线综合股票价格平均指数、日本日经指数（NIKI）、香港恒生指数（香港期货交易所）等。

主要交易场所有芝加哥期货交易所、芝加哥商业交易所、纽约证券交易所、堪萨斯市期货交易所。

2. 期货分类

20世纪70年代，期货市场有了突破性的发展，金融期货大量出现并逐渐占据了期货市场的主导地位。金融期货的繁荣主要是由于国际金融市场的剧烈动荡，金融风险越来越受到人们的关注，金融期货的推出满足了人们规避金融市场风险的需求。随着许多金融期货合约的相继成功，期货市场焕发生机，取得了突飞猛进的发展。与金融相关联的期货合约品种很多，已经开发出来的品种主要有五大类：

（1）利率期货

利率期货指以利率为标的物的期货合约。世界上最先推出的利率期货是由美国芝加哥商业交易所推出的美国国民抵押协会的抵押证期货。利率期货主要包括以长期国债为标的物的长期利率期货和以二个月短期存款利率为标的物的短期利率期货。

（2）货币期货

货币期货指以汇率为标的物的期货合约。货币期货是适应各国从事对外贸易和金融业务的需要而产生的，目的是借此规避汇率风险。国际上货币期货合约交易所涉及的货币主要有欧元、英镑、美元、日元、瑞士法郎、加元、澳元、新西兰元、人民币等。

（3）股指期货

股指期货指以股票指数为标的物的期货合约。股票指数期货是目前金融期货市场最热门和发展最快的期货交易。股票指数期货不涉及股票本身的交割，其价格根据股票指数计算，合约以现金清算形式进行交割。

（4）外汇期货

外汇期货指交易双方约定在未来某一时间，依据约定的比例，以一种货币交换另一种货币的标准化合约的交易，是一种以汇率为标的物的期货合约，用来回避汇率风险。它是金融期货中最早出现的品种。

（5）国债期货

国债期货指通过有组织的交易场所预先确定买卖价格并于未来特定时间内进行钱券交割的国债派生交易方式。国债期货属于金融期货的一种，是一种高级的金融衍生工具。它是在20世纪70年代美国金融市场不稳定的背景下，为满足投资者规避利率风险的需求而产生的。

3. 交易制度

（1）集中交易

金融期货在期货交易所或证券交易所进行集中交易。期货交易所是专门进行期货合约买卖的场所，是期货的核心，承担着组织、监督期货交易的重要职能。

期货合约是由交易所设计、经主管机构批准后向市场公布的标准化合约，以便交易双方在合约到期前分别做一笔相反的交易进行对冲，从而避免实物交收。

（2）保证金

为了控制期货交易的风险，提高交易效率，期货交易所的会员经纪公司必须向交易所或结算所缴纳结算保证金，而期货交易双方在成交时都要经过经纪人向交易所或结算所缴纳一定数量的保证金。由于期货交易的保证金比例很低，因此有高度的杠杆作用。

第二章　金融创新的体系结构

（3）结算所和无负债结算制度

结算所是期货交易的专门结算机构。结算所实行无负债的每日结算制度，又被称为"逐日盯市制度"，就是每种期货合约在交易日收盘前规定时间内的平均成交价为当日结算价，与每笔交易成交时的价格作对照，计算每个结算所会员账户的浮动盈亏，进行随时清算。由于逐日定时制度以一个交易日为最长的结算周期，对所有的账户的交易头寸按不同到期日分别计算，并要求所有的交易盈亏都能及时结算，从而能及时调整保证金账户，控制市场风险。

（4）限仓制度

限仓制度是交易所为了防止市场风险过度集中和防范操纵市场的行为，而对交易者持仓数量加以限制的制度。

（5）大户报告

大户报告制度是交易所建立限仓制度后，当会员或客户的持仓量达到交易所规定的数量时，必须向交易所申报有关开户、交易、资金来源、交易动机等情况，以便交易所审查大户是否有过度投机和操纵市场行为，并判断大户交易风险状况的风险控制制度。

（6）每日价格波动限制和断路器规则

为防止期货价格出现过大的非理性变动，交易所通常对每个交易时段允许的最大波动范围作出规定。一旦达到涨、跌幅限制，则高于或低于改价格的买入、卖出委托无效。

4. 功能

金融期货市场有多方面的经济功能，其中最基本的功能是规避风险和发现价格。

（1）规避风险

20世纪70年代以来，汇率、利率的频繁、大幅波动，全面加剧了金融商品的内在风险。广大投资者面对影响日益广泛的金融自由化浪潮，客观上要求规避利率风险、汇率风险及股价波动风险等一系列金融风险。金融期货市场正是顺应这种需求而建立和发展起来的。因此，规避风险是金融期货市场的首要功能。

投资者通过购买相关的金融期货合约，在金融期货市场上建立与其现货市场相反的头寸，并根据市场的不同情况采取在期货合约到期前对冲平仓或到期履约交割，实现其规避风险的目的。

从整个金融期货市场看，其规避风险功能之所以能够实现，主要有三个原因：其一是众多的实物金融商品持有者面临着不同的风险，可以通过达成对各自有利的交易来控制市场的总体风险。例如，进口商担心外汇汇率上升，而出口商担心外汇汇率下跌，他们通过进行反向的外汇期货交易，即可实现风险的对冲。其二是金融商品的期货价格与现货价格一般呈同方向的变动关系。投资者在金融期货市场建立了与金融现货市场相反的头寸之后，金融商品的价格发生变动时，则必然在一个市场获利，而在另一个市场受损，其盈亏可全部或部分抵销，从而达到规避风险的目的。其三是金融期货市场通过规范化的场内交易，集中了众多愿意承担风险而获利的投机者。他们通过频繁、迅速地买卖对冲，转移了实物金融商品持有者的价格风险，从而使金融期货市场的规避风险功能得以实现。

（2）发现价格

金融期货市场的发现价格功能，是指金融期货市场能够提供各种金融商品的有效价格信息。

在金融期货市场上，各种金融期货合约都有着众多的买者和卖者。他们通过类似于拍卖的方式来确定交易价格。这种情况接近于完全竞争市场，能够在相当程度上反映出投资者对金融商品价格走势的预期和金融商品的供求状况。因此，某一金融期货合约的成交价格，可以综合地反映金融市场各种因素对合约标的商品的影响程度，具有公开、透明的特征。

由于现代电子通信技术的发展，主要金融期货品种的价格一般都能够即时播发至全球各地。因此，金融期货市场上所形成的价格不仅对该市场的各类投资者产生了直接的指引作用，也为金融期货市场以外的其他相关市场提供了有用的参考信息。各相关市场的职业投资者、实物金融商品持有者通过参考金融期货市场的成交价格，可以形成对金融商品价格的合理预期，进而有计划地安排投资决策和生产经营决策，从而有助于减少信息搜寻成本，提高交易效率，实现公平合理、机会均等的竞争。

影响金融期货的因素主要有国家经济增长情况，货币供应量，通货膨胀率，国际收支差额，国家货币、财政、外汇政策，国际储备，心理因素等。我们在分析具体某一品种金融期货发展趋势时，应结合上述情况灵活判断。

第二章 金融创新的体系结构

（3）成本

金融期货市场最重要的功能在于持有成本，即将期货的标的物持有至期货契约期满所需的成本费用，这成本费用包括三项：①储存成本，包括存放标的物及保险等费用；②运输成本；③融资成本，购买标的物资金的机会成本。

各种商品需要储藏所存放，需要仓储费用，金融期货的标的物，无论是债券、股票或外币，所需的储存费用较低，有些如股票指数期货则甚至不需储藏费用。除此之外，这些金融期货的标的物不但仓储费用低，若存放到金融机构尚有生息，例如股票有股利，债券与外币均有利息，有时这些生息超过存放成本而产生持有利益。一般商品较诸金融商品另一项较大的费用是运输费用，例如将玉米从爱荷华运到芝加哥，显然较外币或债券的汇费高，有些如股价指数甚至是不用运费的。

（二）金融期货交易风险及其控制

1. 金融期货交易的概念

（1）含义

金融期货交易就是以期货产品合约为主进行的产品交易行为，金融期货是规范化、标准化的合约模式，是交易双方对产品未来价格的一种期许交易。金融期货交易品种众多，包括股权交易、股指交易、商品期货交易等。金融期货交易具有高风险、高收益的特点，这也是期货交易之所以受到投资者青睐的主要原因。

（2）特点

①杠杆特点。金融期货交易所采取的是保证金制度，而且在缴纳保证金的过程中运用的是杠杆原理，客户只需要缴纳一定的保障金就能够实现撬动更大的交易量，保证金制度能够使客户以较少的资金购买更多的期货产品，实现以小博大的目的。保证金制度所利用的其实就是杠杆原理，虽然保证金要比实际交易的资金少得多，但是当交易次数频繁以及交易规模扩大的过程中，保证金的整体资金量就会变大并且产生重要作用，对经济产生重要影响，当交易完成时所产生的社会效益、经济效益要远远大于交易本身，而且这种交易与市场经济紧密结合，能够产生连锁反应，而交易本身所面临的风险也会变大。

②虚拟特点。期货交易具有虚拟性特点：一方面交易本身是通过虚拟网络实现的，客户只需要有对应的账户、密码，就能够通过网络进行期货方面的交易，交易于无形之中，不会见到实实在在的物品。另一方面，期货交易与现货交易不

同，现货交易是有实体物品，比如在现货交易当中，当现货合约到期之后投资者可以将合约直接进行转让，也可以将所持有的现货合约到指定现货交易中心进行兑现，而且现货交易中心必须要储存有对应的实体货物；期货则不同，属于期货合约，交易双方只能对合约进行买卖，无法通过合约兑换实体物体，双方之间仅仅维持的是一种合约关系，因此具有虚拟性特点。

③复杂性特点。金融期货交易相对比较复杂，整个交易是一个互动的过程，交易双方需要达成一致的协定，而且到期之后卖方必须要履行相应的合约。而买方的选择性较多；其次，交易双方身份复杂，尤其是在网络信息化影响下，客户可以是全国各地人员，没有局限性；再次，期货交易的投资者多以投机交易为主，存在较大的市场风险，任何一个环节出现问题都会对投资者以及市场带来波动。

2. 期货交易风险因素分析

（1）价格因素

金融市场与经济社会密切相关，是一个复杂的体系，市场任何波动都会对价格产生影响，尤其是在期货交易当中，价格因素对交易产生的影响更大。例如，在期货交易过程中，利率因素对价格影响较大，一旦利率上涨或者下降就会影响期货的最终交易状况，对交易双方的收益会产生影响，尽管波动很小，但是在资金量大的情况下，所产生的损失就会比较大。对于期货交易双方而言，这种风险是难以避免的，是存在的潜在风险因素。在期货交易中需要了解这些风险因素，并且根据风险开展适当的防范措施。

（2）人为因素

在交易过程中，交易者的专业水平、交易理念、交易风格都会对交易的最终结果产生影响。目前，在我国期货交易市场中，很多投资者没有专业的交易知识，在交易过程中往往存在跟风状况，而且风险防范意识比较薄弱，一旦出现问题，就会对自身产生严重打击。此外，很多投资者往往将自己的决策权交给专业期货人士，但是这些人士由于自身素质以及专业技能有限，会作出一些错误的决策，同样会给投资者以及市场带来风险，这些都是人为因素造成的。

（3）信用因素

信用因素主要是指在期货交易过程中，由于一些特殊情况造成的投资者风险加大，这个时候就需要投资者进行仓位补充，也就是继续增加保证金，以此来避免爆仓风险。但是在这种情况下，一些投资者不愿意或者是没有备用资金进行增仓，这个时候经纪商就需要承担对应的风险，而这些风险主要是由于信用因素导致的，也被称为信用风险。不过从本质上看，这种风险是由于价格风险所导致的。

（4）法律因素

期货交易属于一种合约性质，是买卖双方进行的自愿性交易，目前还没有相应的法律制度予以规范和保障，一旦交易过程中一方出现违约或者由于自身问题无力进行交割，那么就很难通过法律途径维护自身的合法权益，因为合约在法律层面还没有予以立法进行保护，无法作为受害者维护自身权益的有效依据，所以一旦出现问题就面临着法律风险，这也是法律制度不健全而导致的，属于法律因素。

3. 控制期货交易风险的有效措施

（1）提高投资者综合素质，增强风险防范意识

在金融产品交易中，交易者自身素质的高低会直接影响到收益状况以及风险情况，一般而言，投资者素质越高风险意识越强，投资收益越高。所以，作为投资者要不断提高自身综合素质，加大期货方面的学习力度。此外，做好资金的合理配置，不要将所有资金进行一次性投资，要给自己留有机会。例如，客户在对某一期货品种进行投资前，要对该品种进行全面了解，了解产品的特点、性质、风险等，在投资时要根据资金状况，将资金进行分割，最好不要一次性全部投入，要留有一定资金做好补仓或者增加保证金，做到有的放矢。

（2）把控市场，规避风险

期货交易容易受到外界因素影响，尤其是市场因素中的价格因素，这个时候投资者就需要对市场进行全面了解，对市场各种信息进行分析判断，规避市场风险。对于金融机构而言，也要做好风险监督管理，完善风险预警体系，对市场资金以及影响价格波动的因素及时进行检测，并且将检测到的信息及时公布，以便让投资者能够通过信息及时作出投资调整，应对市场风险，只有这样才能将风险控制在一定范围之内。

（3）完善信用机制，健全清算体系

信用机制是确保期货交易市场健康运行的关键因素，也是避免交易风险的主要构成部分，因此要不断完善信用机制，健全清算体系。清算在一定程度上能够有效规避信用风险的发生，因为通过清算体系能够对交易双方的状况进行有效审核，并且根据交易双方情况作出风险提示。此外，清算体系与交易内容是分离的，

具有相对的独立性，由第三方进行核算清算，不涉及双方的权益，具有公平性、公正性、公开性。在整个期货交易当中，清算风险对其影响较大，需要健全完善这一体系，只有如此才能确保交易的顺利进行，提高交易效率和质量，降低交易风险。

（4）制定法律法规，做到有法可依

法律制度不仅能够对违法犯罪行为进行有效约束和打击，而且能够形成制度规范，避免违法行为的发生，所以健全的法律制度是确保社会经济秩序有效运行的关键。在期货交易中，同样需要健全的法律制度，要制定完善的法律法规，使期货交易能够有法可依。目前，我国这方面的法律制度还不完善，存在诸多问题，很多方面没有法律依据，而我国期货交易中投机者较多，在交易中往往趋利避害，甚至为实现自身利益不惜损害他人利益，这个时候就需要通过法律途径维护受害人的合法权益。此外，在立法的同时还要加大普法宣传力度，让期货交易者能够了解到哪些行为属于违法行为，以便约束自己的行为活动，避免违法犯罪，这样才能够有效降低法律风险。

二、金融期权

金融期权是以期权为基础的金融衍生产品，指以金融商品或金融期货合约为标的物的期权交易的合约。具体地说，其购买者在向出售者支付一定费用后，就获得了能在规定期限内以某一特定价格向出售者买进或卖出一定数量的某种金融商品或金融期货合约的权利。金融期权是赋予其购买者在规定期限内按双方约定的价格（协议价格）或执行价格购买或出售一定数量某种金融资产（潜含金融资产或标的资产）的权利的合约。

（一）金融期权种类

金融期权作为一种重要的金融衍生工具，其种类繁多，各具特色。金融期权主要分为股票期权、股指期权、外汇期权、利率期权以及商品期权等几大类别。股票期权赋予持有者在未来某一特定日期或该日之前的任何时间以固定价格购进或售出一种股票的权利。股指期权则是以股票指数为标的物的期权合约，用于对冲整个股票市场的风险。外汇期权允许投资者在未来某一特定日期或期间内，以约定的汇率买卖一定数量的外汇。利率期权则是以各种利率工具为基础资产的期权合约，帮助投资者管理利率风险。商品期权则涉及农产品、金属、能源等大宗商品，为投资者提供了对冲商品价格波动风险的机会。这些不同类型的金融期权为投资者提供了丰富的选择和灵活的投资策略，帮助他们在复杂多变的金融市场中实现风险管理、保值增值等目标。

（二）金融期权特征

与金融期货相比，金融期权的主要特征在于它仅仅是买卖双方权利的交换。期权的买方在支付了期权费后，就获得了期权合约所赋予的权利，即在期权合约规定的时间内，以事先确定的价格向期权的卖方买进或卖出某种金融工具的权利，但并没有必须履行该期权合约的义务。期权的买方可以选择行使他所拥有的权利；期权的卖方在收取期权费后就承担着在规定时间内履行该期权合约的义务。即当期权的买方选择行使权利时，卖方必须无条件地履行合约规定的义务，而没有选择的权利。

（三）与金融期货的区别

1. 标的物不同

金融期权与金融期货的标的物不尽相同。一般地说，凡可作期货交易的金融商品都可作期权交易。然而，可作期权交易的金融商品却未必可作期货交易。在实践中，只有金融期货期权，而没有金融期权期货，即只有以金融期货合约为标的物的金融期权交易，而没有以金融期权合约为标的物的金融期货交易。一般而言，金融期权的标的物多于金融期货的标的物。

随着金融期权的日益发展，其标的物还有日益增多的趋势，不少金融期货无法交易的东西均可作为金融期权的标的物，甚至连金融期权合约本身也成了金融期权的标的物，即所谓复合期权。

2. 对称性不同

金融期货交易双方的权利与义务对称，即对任何一方而言，都既有要求对方履约的权利，又有自己对对方履约的义务。而金融期权交易双方的权利与义务存在着明显的不对称性，期权的买方只有权利而没有义务，而期权的卖方只有义务而没有权利。

3. 履约保证不同

金融期货交易双方均需开立保证金账户，并按规定缴纳履约保证金。而在金融期权交易中，只有期权出售者，尤其是无担保期权的出售者才需开立保证金账户，并按规定缴纳保证金，以保证其履约的义务。至于期权购买者，因期权合约未规定其义务，其无须开立保证金账户，也就无须缴纳任何保证金。

4. 现金流转不同

金融期货交易双方在成交时不发生现金收付关系，但在成交后，由于实行逐日结算制度，交易双方将因价格的变动而发生现金流转，即盈利一方的保证金账户余额将增加，而亏损一方的保证金账户余额将减少。当亏损方保证金账户余额低于规定的维持保证金时，他必须按规定及时缴纳追加保证金。因此，金融期货交易双方都必须保有一定的流动性较高的资产，以备不时之需。

而在金融期权交易中，在成交时，期权购买者为取得期权合约所赋予的权利，必须向期权出售者支付一定的期权费；但在成交后，除了到期履约外，交易双方均不发生任何现金流转。

5. 盈亏特点不同

金融期货交易双方都无权违约也无权要求提前交割或推迟交割，而只能在到期前的任一时间通过反向交易实现对冲或到期进行实物交割。而在对冲或到期交割前，价格的变动必然使其中一方盈利而另一方亏损，其盈利或亏损的程度决定于价格变动的幅度。因此，从理论上说，金融期货交易中双方潜在的盈利和亏损都是无限的。

相反，在金融期权交易中，由于期权购买者与出售者在权利和义务上的不对称性，他们在交易中的盈利和亏损也具有不对称性。从理论上说，期权购买者在交易中的潜在亏损是有限的，仅限于所支付的期权费，而可能取得的盈利却是无限的；相反，期权出售者在交易中所取得的盈利是有限的，仅限于所收取的期权费，而可能遭受的损失却是无限的。当然，在现实的期权交易中，由于成交的期权合约事实上很少被执行，因此期权出售者未必总是处于不利地位。

6. 作用与效果不同

金融期权与金融期货都是人们常用的套期保值的工具，但它们的作用与效果是不同的。

人们利用金融期货进行套期保值，在避免价格不利变动造成的损失的同时，也必须放弃若价格有利变动可能获得的利益。人们利用金融期权进行套期保值，若价格发生不利变动，套期保值者可通过执行期权来避免损失；若价格发生有利变动，套期保值者又可通过放弃期权来保护利益。通过金融期权交易，既可避免价格不利变动造成的损失，又可在相当程度上保住价格有利变动而带来的利益。

但是，这并不是说金融期权比金融期货更为有利。如从保值角度来说，金融期货通常比金融期权更为有效，也更为便宜，而且要在金融期权交易中真正做到既保值又获利，事实上也并非易事。

所以，金融期权与金融期货可谓各有所长、各有所短，在现实的交易活动中，人们往往将两者结合起来，通过一定的组合或搭配来实现某一特定目标。

第三节 金融制度与金融监管创新

一、金融制度

金融制度是一个国家用法律形式所确立的金融体系结构，确保组成这一体系的各类银行和非银行金融机构的职责分工和相互联系。金融制度是在长期发展中逐渐形成的，已演化成复杂而又脉络清晰的系统。金融制度的最上层是法律、规章制度和货币政策，即一般意义上的金融活动和金融交易规则。金融制度的中间层是金融体系的构成，包括金融机构和监管机构。金融制度的基础层是金融活动和金融交易参与者的行为。在任何一个金融制度中，它的参与者基本上可以归纳为五类：资金有余的人或部门、资金短缺的人或部门、金融中介机构、金融市场、金融监管当局。

二、金融监管

金融监管是政府通过特定的机构，如中央银行、证券监督管理委员会等，对金融交易行为主体作的某种限制或规定，本质上是一种具有特定内涵和特征的政府规制行为。金融监管可以分成金融监督与金融管理。金融监督指金融主管当局对金融机构实施的全面性、经常性的检查和督促，并以此促进金融机构依法稳健地经营和发展。金融管理指金融主管当局依法对金融机构及其经营活动实施的领导、组织、协调和控制等一系列的活动。

（一）监管目的

①维持金融业健康运行的秩序，最大限度地降低银行业的风险，保障存款人和投资者的利益，促进银行业和经济的健康发展。

②确保公平有效地发放贷款，避免资金的乱拨乱划，防止欺诈活动或者不恰当的风险转嫁。

③金融监管还可以在一定程度上避免贷款发放过度集中于某一行业。

④银行倒闭不仅需要付出巨大代价，而且会波及国民经济的其他领域。金融监管可以确保金融服务达到一定水平从而提高社会福利。

⑤中央银行通过货币储备和资产分配来向国民经济的其他领域传递货币政策。金融监管可以保证实现银行在执行货币政策时的传导机制。

⑥金融监管可以提供交易账户，向金融市场传递违约风险信息。

（二）监管原则

金融监管原则是指在政府金融监管机构以及金融机构内部监管机构的金融监管活动中，始终应当遵循的价值追求和最低行为准则。金融监管应坚持以下基本原则：

1. 依法原则

依法监管原则又称合法性原则，是指金融监管必须依据法律、法规进行。监管的主体、监管的职责权限、监管措施等均由金融监管法规法和相关行政法律、法规规定，监管活动均应依法进行。

2. 公开、公正原则

监管活动应最大限度地提高透明度。同时，监管当局应公正执法、平等对待所有金融市场参与者，做到实体公正和程序公正。

3. 效率原则

效率原则是指金融监管应当提高金融体系的整体效率，不得压制金融创新与金融竞争。同时，金融监管当局应合理配置和利用监管资源，以降低成本，减少社会支出，从而节约社会公共资源。

4. 协调性原则

监管主体之间应职责分明、分工合理、相互配合。这样可以节约监管成本，提高监管的效率。

（三）监管方式

1. 公告监管

公告监管是指政府对金融业的经营不作直接监督，只规定各金融企业必须依照政府规定的格式及内容定期将营业结果呈报政府的主管机关并予以公告，至于金融业的组织形式、金融企业的规范、金融资金的运用，都由金融企业自我管理，政府不对其多加干预。

公告监管的内容包括：公告财务报表、最低资本金与保证金规定、偿付能力标准规定。在公告监管下，金融企业经营的好坏由其自身及一般大众自行判断，这种将政府和大众结合起来的监管方式，有利于金融机构在较为宽松的市场环境中自由发展。

但是由于信息不对称，作为金融企业和公众很难评判金融企业经营的优劣，对金融企业的不正当经营也无能为力。因此，公告监管是金融监管中最宽松的监管方式。

2. 规范监管

规范监管又称准则监管，是指国家对金融业的经营制定一定的准则，要求其遵守的一种监管方式。在规范监管下，政府对金融企业经营的若干重大事项，如金融企业最低资本金、资产负债表的审核、资本金的运用、违反法律的处罚等，都有明确的规范，但对金融企业的业务经营、财务管理、人事等方面不加干预。

这种监管方式强调金融企业经营形式上的合法性，与公告监管方式相比具有较大的可操作性，但由于未触及金融企业经营的实体，仅涉及一些基本准则，故难以起到严格有效的监管作用。

3. 实体监管

实体监管是指国家订立有完善的金融监督管理规则，金融监管机构根据法律赋予的权力，对金融市场尤其是金融企业，进行全方位、全过程的有效监督和管理。

实体监管过程分为三个阶段：第一阶段是金融业设立时的监管，即金融许可证监管；第二阶段是金融业经营期间的监管，这是实体监管的核心；第三阶段是金融企业破产和清算的监管。实体监管是国家在立法的基础上通过行政手段对金融企业进行强有力的管理，比公告监管和规范监管更为严格、具体和有效。

（四）主要对象

金融监管的传统对象是银行业和非银行金融机构，但随着金融工具的不断创新，金融监管的对象逐步扩大到那些业务性质与银行类似的准金融机构，如集体投资机构、贷款协会、银行附属公司或银行持股公司所开展的准银行业务等，甚至包括与债券市场业务有关的出票人、经纪人的监管等等。如今，一国的整个金融体系都可视为金融监管的对象。

（五）主要内容

金融监管的主要内容包括：对金融机构设立的监管；对金融机构资产负债业务的监管；对金融市场的监管，如市场准入、市场融资、市场利率、市场规则等等；对会计结算的监管；对外汇外债的监管；对黄金生产、进口、加工、销售活动的监管；对证券业的监管；对保险业的监管；对信托业的监管；对投资黄金、典当、融资租赁等活动的监管。

其中，对商业银行的监管是监管的重点，主要内容包括市场准入与机构合并、银行业务范围、风险控制、流动性管理、资本充足率、存款保护以及危机处理等方面。

（六）必要性

综合世界各国金融领域广泛存在的金融监管，金融监管具有深层次的原因和意义。

金融市场存在失灵和缺陷。金融市场失灵主要是指金融市场对资源配置的无效率，主要针对金融市场配置资源所导致的垄断或者寡头垄断，规模不经济及外部性等问题。金融监管试图以一种有效方式来纠正金融市场失灵，但实际上关于金融监管的讨论，更多地集中在监管的效果而不是必要性方面。

（七）道德风险

道德风险是指由于制度性或其他的变化所引发的金融部门行为变化，及由此产生的有害作用。在市场经济体制下，存款人（个人或集体）必然会评价商业性金融机构的安全性。

但在受监管的金融体系中，个人和企业通常认为政府会确保金融机构安全，或至少在发生违约时偿还存款，因而在存款时并不考虑银行的道德风险。一般而言，金融监管是为了降低金融市场的成本，维持正常合理的金融秩序，提升公众对金融的信心。因此，监管是一种公共物品，由政府公共部门提供的旨在提高公众金融信心的手段，是对金融市场缺陷的有效和必要补充。

三、商业银行制度创新

（一）新经济、新金融与制度创新

所谓新经济，是指以新技术革命为手段引起的经济增长方式、经济结构及经济运行规则等的变迁和创新。在经济社会发展过程中，这种新经济不仅为经济学领域导入了信息经济、网络经济、数字经济、知识经济等新概念，还将对经济增长起决定作用的要素产生影响，由旧经济时代有形的物质资本与劳动力转变为无形的知识资本与人力资源。并且由于以网络为运行工具的信息传输机制使得经济信息交流方面的障碍越来越小，进而将区域间的经济活动与国际经济活动有机地联系在一起，从而实现经济全球化。经济决定金融，金融是现代经济运行的核心与基础。新经济的不断成长则必然产生新金融，经济全球一体化发展势必导致资本市场的全球一体化。之所以发生经济制度创新，是因为在社会中的集体和个人看来，承担这些变迁的成本是有利可图的。其目的在于创新者能获取一些在旧制度下不可能得到的利益。一项制度创新的初始条件是预期的收益超过预期的成本，只有这一条被满足时，我们才希望试图改变一个社会中既存的制度结构和产权结构。新经济与新金融相互关联、相互促进、共同发展，不仅提高了技术水平，加快技术进步和知识积累，而且打破了原有的经济与金融的运行周期，降低了经济与金融活动的组织成本，经济与金融的运行效率以及资金配置效率大大提高，从而为制度创新提供了保障，制度创新也就成为必然。

（二）制度创新是国有商业银行生存与发展的必然选择

经过 20 多年的改革，我国的银行制度虽已发生了巨大的变化，建立起了商业银行与政策性银行并存、国有独资商业银行与股份制商业银行共同发展的银行体系，作为中央银行的中国人民银行强化了监管职能，增强了宏观调控能力，为实行稳健的货币政策奠定了基础。但是从我国银行业当前所面临的形势及存在的问题看，现行的国有商业银行制度极不适应国内外经济与金融形势发展的需要。制度创新是当前国有商业银行生存与发展的必然选择。

首先，这是由经济金融全球一体化的大趋势所决定的。新经济与新金融的不断发展，经济金融全球一体化进程的日趋加快，一方面要求我国的商业银行制度尤其是属于主导地位的国有商业银行制度必须尽快与国际上的先进银行制度接轨，以适时跟上国际银行业变革的步伐；另一方面则要求我国的银行业加快市场化发展进程，并不断提高运行效率与运行质量，以增强其在国际金融市场上的竞争力。其次，是加入 WTO 竞争态势的客观要求。一方面，从加入 WTO 的谈判主题看，包括银行、保险和证券在内的整个金融业已成为加入 WTO 讨价还价的焦点，争取控股权、开办人民币业务、放松机构设置管制、放弃保护国内银行的金融政策、享受国民待遇等已成为外国政府要求我国银行制度进行改革的主要内容；另一方面，外资金融机构企求以其成熟的管理、科学的机制、高效的服务、先进的手段和创新的产品与中资金融机构在争夺中国金融市场时一决雌雄，显然，随着外资金融机构的进入，国内金融业将在争夺优质客户、创新业务、提高服务效率、利用先进技术、改善管理水平、吸引优秀人才等方面受到巨大冲击，承受前所未有的压力，如果没有制度创新，一味强调适合中国国情，不主动与国际银行制度接轨，必将被时代与市场所淘汰。再次，是避免危机、保障生存与发展的必然选择。

（三）健全和完善法人治理结构是国有商业银行制度创新的突破口

对于现行的国有商业银行制度而言，健全和完善法人治理结构，有利于理顺所有者与经营层以及监事会之间的经济利益关系，切实解决国有商业银行因经营权与所有权分离而出现的产权主体虚化、法人地位残缺、经营风险集中、经营者与所有者权责利不清等问题，为建立和完善现代商业银行制度、有效增强国有商业银行的国际竞争力奠定基础。

1. 健全和完善法人治理结构的根本在于解决产权主体虚化

现行的国有商业银行制度是一种"大一统"的以国家所有为前提的委托代理制度，即银行资产全部归国家所有，经营者由国家任命，并接受国家委托，代理国家组织经营活动，经营风险由国家承担，经营利润除按税后利润留存一定比例的公积金用于补足资本金外，其余分别以交纳企业所得税及上缴利润形式上缴国家财政，经营呆账由国家财政统一核销。显然，我国现行的国有商业银行制度迎接新经济、新金融、经济金融全球一体化以及WTO挑战的能力十分脆弱，必须进行制度创新。制度创新的突破口在于健全和完善法人治理结构，而健全和完善法人治理结构的根本则在于解决产权主体虚化。

2. 实行股份制改革，扩股上市是健全和完善法人治理结构的基础

股份制是一种与各种组织形式创新联系在一起的产权制度，通过建立股份公司制度使产权的分割、转让、交易等更为容易，从而使产权制度的效率不断提高。为此，我们必须不失时机地认真借鉴国外商业银行发展经验，按照现代商业银行制度的要求，积极稳妥地实行国有商业银行股份化。这样才能实现国有商业银行产权多元化、社会化，达到明晰国有商业银行产权、充实产权人格主体、强化所有权约束、合理配置经营决策管理权、分散经营风险、提高资金配置效率与市场竞争力及经营效益、实现资本保值和增值的目的。一是要将国有商业银行的不良资产全部剥离，以便国有商业银行放下包袱，轻装上阵，为国有商业银行股份制改造奠定基础。二是要按照现代商业银行制度及合理配置资源、提高资源配置效率的原则，加大国有商业银行内设分支机构以及营业网点的重组力度，调整国有商业银行的组织体系，为国有商业银行股份化创造条件。三是改变国有资本过于集中的状况，打破国有商业银行垄断的局面，在确保国家控股地位的基础上，合理确定民间及社会资本参股的规模，采取必要的优惠政策，鼓励民间及社会资本所有者积极投资入股，通过增资扩股有效扩大国有商业银行的资本金规模，有步骤地实现国有商业银行股份化，提高国有商业银行的资本充足率；四是要加大推进国有商业银行上市交易的力度，尽快促使国有商业银行从运行机制、组织体系、业务创新到法人治理结构等方面与国际银行制度接轨，真正建立起"产权清晰、调控有力、运行有序、效益良好"的现代化商业银行制度。

3. 健全和完善法人治理结构的协调运行机制

为确保法人治理结构的科学有序、合理协调，在实行股份制改造、明晰产权

的同时，尚需健全和完善法人治理结构的协调运行机制。一是由于股东、董事会及经营者都以效益最大化、资本的保值增值为目标，因此要在不违反国家财务制度的前提下，健全和完善利益分配机制，理顺资本所有者与资本经营者之间的权责利关系，建立起以利益关联为纽带的资本所有者授权经营的商业银行委托代理制度，增强商业银行经营者追逐利润的内在动力，为资本的保值增值奠定基础。二是有效地建立起与国际现代银行业发展相适应的择优选用银行经营者的开放式用人机制，营造利于人才成长、组织内部充满活力、具有极强创新精神与竞争精神、注重发挥个人潜能并相互理解、尊重、支持的组织氛围，以增强商业银行的整体竞争力。三是要健全和完善制约监督机制，按照现代商业银行制度的发展要求，在理顺资本所有者与资本经营者的权责利关系的基础上，健全和完善监事会议事制度，在股东大会、董事会、经营层与监事会之间实行决策权、经营权、监督权"三权分立"，以建立起"三权鼎立，分立制衡"的约束监督机制，防范"内部人控制"，促使国有商业银行在"产权清晰、权责明确、各司其职、相互制约"的法人治理结构基础上健康有序协调发展。

（四）创造良好的国有商业银行制度创新环境

国有商业银行制度创新成功与否取决于两个因素：其一是内因，即商业银行内在的创新动力；其二是外因，即制约或促进国有商业银行创新的环境。

就我国现行的国有商业银行制度创新而言，创造良好的制度创新环境主要包括三个方面的内容：其一，必须消除制度歧视，实行公平公正竞争；其二，切实健全和完善国有商业银行分支机构的市场退出机制；其三，要健全和完善金融监管的法律法规体系。金融监管法律法规是实现商业银行稳健经营、维护金融秩序、确保商业银行之间公平竞争的前提条件，是商业银行在其业务经营管理过程中所必须遵循的基本法则。一方面，作为代表国家行使金融监管职能的中国人民银行，必须从促进国有商业银行增强国际竞争力、与国际银行制度和惯例接轨的角度，本着"调控为主、管制为辅"的原则合理确定监管重点，尽快健全和完善金融监管的法律法规体系，实现金融监管工作的制度化、规范化；另一方面，要借鉴国际上的成功经验，充分发挥利率、公开市场业务的调控作用，本着"间接调控为主、直接调控为辅"的原则，健全和完善宏观金融调控机制，有效地规范中央银行的调控行为。

第三章　我国绿色金融发展创新模式

第一节　我国绿色金融法律制度的完善

一、绿色金融与绿色金融立法的必要性

我国虽然在绿色金融的立法上出台了一些部门规范性文件，但存在很大的不足，主要表现在立法层次太低、缺乏强制力和执行力等。因此，我国应借鉴和吸收世界银行等国际组织和美国、英国等发达国家在绿色金融立法上的成果，以期对完善我国绿色金融法律制度有所帮助。

（一）绿色金融的含义及其发展趋势

完善我国绿色金融法律制度应借鉴国外经验，立足我国实际，遵循公平、生态秩序、效率与效益等基本原则。在具体完善绿色金融法律制度时，通过设计绿色金融法律制度的基本架构，把制定《绿色金融促进法》与完善绿色金融部门法律制度、完善绿色金融监管法律制度、完善绿色金融法律责任制度等相结合。完善我国绿色金融法律制度是一项系统性、综合性的工程，是在已有的基础上进行的开拓创新。因此，不仅需要完善绿色金融法律制度，同时也需要其他相关法律制度的综合支撑。

1. 绿色金融的含义

金融是现代经济的核心，是市场经济有序运行的枢纽。现代经济中，任何产业的成长、发展都需要金融的支持。没有金融的支持和发展，整个国民经济就失去了赖以为继的生存基础和前进的动力。功能健全的金融体系能促进经济的增长，而不健全的金融体系则会对经济增长造成消极影响。因此，我国高度重视金融业的良性运行和可持续发展，提出了实施绿色金融战略。虽然绿色金融在我国还是个比较新鲜和不太惹人注意的事物，但在一些金融业比较发达的国家却早已出现，

并将之付诸金融实践领域中。绿色金融，又称环境金融或可持续性融资，最早出现于美国。当时美国政府创造性地把环境因素引入金融创新，研究如何有效评估环境风险，从而开发出适宜的环境金融产品，并形成稳定的产品构造，向投资者出售，以获得实现经济发展与环境保护相结合所需的资金。

绿色金融是在可持续发展理念成为全球共识的背景下提出的，对现行金融发展模式的革命性变革具有深远意义。"地球不是我们从先辈那里继承来的，而是我们从我们的后代那里借来的。"这发人深省的话启示我们，不能只顾眼前利益而不顾长远发展，只顾自己索取享用而不顾后代的需要。绿色金融的本质在于通过金融业务的运作，帮助和促使企业降低能耗、节约资源，将环境风险纳入金融风险管理的范畴和业务考核范围，注重环境风险的防范，避免使整个社会陷入先污染、后治理、再污染、再治理的恶性循环之中。通过倡导绿色金融的发展理念，切实转变经济发展方式，密切关注环保、生态等未来新兴产业的发展，注重长远利益，以未来良好的生态经济效益和友好环境反哺金融业，建立金融行业的生态补偿机制，促使金融发展与生态保护相结合，实现金融可持续发展。与传统金融片面追求经济利益、忽视环境保护和生态平衡不同，绿色金融的一个突出特点是更强调人类社会生存环境利益，它将环境的保护和资源的利用作为考核的标准之一，通过自身的活动引导经济主体去关注自然生态平衡，减少环境污染，保护和节约自然资源，维护人类社会长远利益和长远发展。与传统金融相比较，绿色金融更讲求金融活动的开展与环境保护、生态平衡相协调，最终实现经济与人类社会可持续发展。

2. 绿色金融的发展趋势

（1）绿色金融在国外的发展趋势

绿色金融在国外的发展趋势主要是朝着碳金融的方向发展。碳金融现在成为国外尤其是发达国家研究和实践的热点。碳金融主要涉及的是排放权交易。排放权是人类为了控制气候变暖，维持安全的生存环境，必须规定温室气体二氧化碳的排放量而产生的一项环境权。可以预见，将来各国的经济发展水平需建立在相应的二氧化碳排放量范围之内。超过排放量指标的，须向其他国家购买，否则将会影响到其本身的经济发展速度与规模。这种可交易的碳排放量机制是在《京都议定书》上所创立的，碳排放权具有稀缺性、普遍可接受性以及可计量性，使其成为在全球流通的"国际货币"，将对国际金融体系产生深远影响。

第三章　我国绿色金融发展创新模式

（2）绿色金融在国内的发展趋势

我国在发展绿色金融方面主要朝着综合化、多元化的方向努力，绿色信贷、绿色证券、绿色保险共同发展。尤其是在信贷业上频频出台绿色信贷新政，走在绿色金融发展的最前列。但"前途是光明的，道路是曲折的"，没有一帆风顺的坦途可以让绿色金融顺利实施下去，必定会遭遇挫折，甚至反复，特别是来自传统观念的阻挠和既得利益群体的抵制，可以说是危险与机遇并存，但机遇不容错过。在发展绿色金融的路途上，我国不应该满足于做一个跟随者、赶超者或冠军，更高的追求是做开创者、设计者和规则的制定者，能够引领全世界率先而行。

（二）绿色金融战略实施的目的

促进金融业的可持续发展和环境保护。实施绿色金融的根本目的就在于实现经济发展与生态保护并行不悖。目前，虽然国家加大了对"高耗能、高污染"这类两高产业的调控力度，但两高产业的增速总体依然偏快，尤其是在国家采取巨额投资举措应对国际金融危机、用投资来拉动经济增长的情况下，这种调控越发无力。由此可见，在环境保护行政主管部门可以采用的行政手段中，"区域限批"和"流域限批"这两种最严厉的措施能够发挥的作用依然有限。环境保护部门在应对污染大户、解决环境污染问题时，是"心有余而力不足"。因此，有必要引入绿色信贷这种经济手段来对"两高"等污染企业的迅速扩张加以有效控制。因为，在高污染、高排放产业迅速发展的背后，商业银行的贷款对该类行业的发展起到了决定性作用。企业发展所需资金，除上市公司可以通过股市直接融资而获得外，其他大部分企业主要通过银行等金融机构的间接融资来获取。而绿色信贷是绿色金融的核心组成部分，如果能采用绿色信贷相关措施对此类贷款进行严格控制，将迫使污染企业重视环境保护问题，这也有利于金融机构实现自身的可持续发展。

促进金融机构加强环境风险控制。商业银行作为金融机构的主体和核心组成部分，本身是以营利为目的，风险控制在其经营过程中占据相当重要的地位。传统的风险管理没有把环境风险管理纳入其中，这是因为之前环境还没有突出成为一项必须防范的风险，直到商业银行贷款的安全性与企业的环境状况之间的密切关系越来越引起银行界和学术界的关注时，环境风险才被人们所重视。随着我国对环境保护力度的不断加大，企业环境责任问题日益显现，银行不顾环境风险进行放贷、企业滥用银行贷款造成环境破坏给银行带来直接或间接的风险，造成呆账损失，这是银行搬起石头砸自己的脚，由此引起的巨大损失已不容忽视。因此，绿色金融的实施就要求尽快建立我国的贷款项目环境风险审查评估制度，从而保证贷款安全，强化银行的风险控制，还可以促使金融机构更加注重环境风险的防范，减少因环境风险而带来的不必要损失，其他金融机构在开展业务时也同样需要注重环境风险防范。

促进我国顺应世界金融发展趋势。从根本上讲，我国整个金融体系的建立和金融机构的设置主要是参照国外，尤其是欧美等发达国家的先进经验。所以我国金融业的发展是比较滞后的，这是我们必须正视的事实。在计划经济时期，我国实施严格的金融管控体制，金融行业缺少活力，不能有效发挥其功能，这使得在很长一段时间我国金融业失去发展的空间和动力，一直停滞不前。直到改革开放之后，我国恢复商业银行这一金融市场的核心主体，同时开始组建保险公司、证券公司等金融市场的基本单元。到目前为止，我国已基本形成了银行、保险、证券分业经营的"三足鼎立"的金融发展格局。这一具有中国特色的金融格局是顺应经济全球化和金融一体化发展的。如今，绿色金融已成为世界金融发展的一个不可逆转的趋势，我国必须顺应这一历史潮流，着力发展绿色金融，抢占绿色金融发展的制高点，争取走在世界的前列而不再落后于人。

（三）绿色金融立法的必要性

目前我国实施绿色金融战略存在的上述问题，直接或间接与我国绿色金融立法有关。绿色金融在我国的发展趋势不可逆转，这已是毋庸置疑的事实。"凡是存在的都是合理的。"我们无法否认绿色金融发展的事实和合理性，但是它并非自然生长，绿色金融作为政府推行的一项利国利民的政策，需要通过立法来加以保障和促进，使之"名正言顺"。秩序是法律最基本的价值，用法律的形式来维护金融秩序是最有效、最可靠的方式。绿色金融立法能够保障和促进绿色金融战略的实施，为其提供具有较强约束力的行为规则，保证相关的措施落到实处。当然，没有绿色金融战略的实施也就没有绿色金融立法的必要，绿色金融战略的实施是绿色金融立法的前提。二者相互依存、相互促进、缺一不可。结合我国实际，对绿色金融立法的必要性可以归纳为以下几点。

第三章　我国绿色金融发展创新模式

1.绿色金融的实施需要相应法律依据

虽然中国人民银行、环保部门和中国银行保险监督管理委员会联合制定或单独制定了若干发展绿色金融的规章或意见，但大多数限于指引性或指导性的文件，缺乏强制力和普遍适用性。而法律是全国人民意志的集中体现，代表全国人民和国家的根本利益。它是通过严格的法定程序，集中全国人民的智慧并经反复酝酿、研究而形成的，具有强制性、普适性和科学性。在法治国家，任何一项重大战略和改革的出台，都必须有相应的法律依据。绿色金融战略的提出和实施也是如此，需要相应的法律依据使之"师出有名"，从法律的层面上认定其存在的合理性和正当性。

2.绿色金融的实施需要法律加以规范

根据对象的不同，法的规范作用可以被概括为指引、预测、评价三种作用。具体说来，指引作用是指法律对人的行为起到导向、引路的作用。这种指引是一种规范的指引、普适性的指引，不是针对个别人而是针对整个社会群体的指引，具有连续性、稳定性，是形成稳定秩序必不可少的条件和手段。绿色金融的实施主体需要法律为其行为指定正确的方向，使其行为符合法律的规定。评价作用是指法律作为人们对他人行为的评价标准所起的作用。它是用法律的规范性、普遍性和强制性的标准来评价人的行为，其重点在于行为人的外部行为、实际效果以及行为人的责任。这体现在绿色金融立法上就是通过设定监管部门对实施绿色金融义务方的行为进行评价的职责，评价相关行为是否符合绿色金融法律的规定。而这种评价有可能产生采取制裁措施的法律后果，而非简单的说教。法的预测作用是指人们根据法律，可以预告估计人们相互间将怎样行为以及行为的后果等，从而对自己的行为作出合理的安排。法律是明确、相对稳定的规范，它的内容是具体的并在一定时期内保持连续性，这就给人们进行行为预测提供了可能。倘若相反，法律规范朝令夕改，那么人们就无法进行行为的预测。正是由于法律的相对稳定性，绿色金融的实施才需要立法，才能为绿色金融的实施提供稳定、连续发展的前提和行为预测。人们也才能够准确预测哪些行为符合绿色金融的要求而可为，哪些行为不符合绿色金融的要求而不可为。这样绿色金融法律制度才能成为"吏民规矩绳墨也"。

3.绿色金融的实施需要法律加以促进

法律对绿色金融的促进作用主要体现在制定若干奖励性的规范，通过这些奖励性的规范来促使相关实践主体积极主动落实绿色金融的相关政策目标。奖励性的规范可以分为税收、利率、环保级别等种类。而设定奖励性的规范可以从两个方面来考量。一方面，从金融机构的角度，可以对实施绿色金融战略的金融机构给予税收上的优惠和财政上的支持，以鼓励金融机构在开展业务时，更加主动落实绿色金融政策。另一方面，从企业的角度，银行可以对投资环保行业和发展生态产业的企业给予贷款利率优惠、贷款贴息和更多的融资支持。有时候奖励性的规范往往比惩罚性的规范更有效，因为无论是商业化的金融机构还是其他企业都具有追逐利益的本性，当其觉得有利可图的时候自然会主动为之。而我们设定奖励性的规范就是要给利，通过给利使企业自觉自愿实施绿色金融。

4. 绿色金融的实施需要法律提供保障

法律之所以是一种比道德更有效的社会治理方式，就在于它通过设定外在的惩罚措施来约束人的行为，而不同于道德的内心约束。对于我国来说，在未来的二十年内，减排任务十分艰巨。我们应该通过立法明确绿色金融发展目标和计划，规范绿色金融发展路径，以法律的强制约束力来保障绿色金融的顺利实施。比如，美国就通过相应立法限定二氧化硫排放总量，为建立可交易的排放许可证机制提供了国内法基础。联合国气候变化框架公约及其京都议定书的实施，则成为二氧化碳排放配额市场创立的国际法基础。针对当前我国节能减排所面临的严峻形势，发展绿色金融，利用金融手段来实现节能减排的目标是唯一的出路。为了保障节能降耗和污染减排目标的实现，应当加快推进绿色金融法治化建设，完善相应的法律约束机制和责任机制，为绿色金融的实施提供完善的法律保障。

二、完善我国绿色金融法律制度的基本设想

我国在构建绿色金融体系和绿色金融法律制度建设方面起步较晚，与国际先进水平相比差距还很大。因此，将国际上在绿色金融立法方面所取得的成功经验和做法引进国内，加强在绿色金融立法方面的国际交流与合作显得十分必要而迫切。

（一）完善绿色金融法律制度的基本原则

完善绿色金融法律制度的基本原则，是指法律制定者在绿色金融法律制度完善过程中应该遵循的基本准则，它是立法的指导思想在法律的完善过程中的具体

化、实践化。绿色金融法律的目的与宗旨，即在金融法中全面贯彻可持续性发展和环境保护理念，而要实现这一目的，在完善绿色金融法律制度中必须遵循以下基本原则：

1. 公平原则

可持续发展所追求的公平性原则包含三个方面的内容：一是同代人之间的横向公平性；二是世代人之间的纵向公平性；三是自然公平，即人类作为自然界的一员，与其他物种之间在享受生态利益与承担生态责任方面的公平性。环境与资源是人类生存发展的共同物质基础，如果当地人破坏资源、浪费资源，不仅制约自身的发展，更剥夺了后代人继续发展的权利，对于被动承接的后代人是不公平的。因此，有必要在绿色金融法律体系中贯彻新的公平观，重整人与自然的关系，通过人与自然之间的公平交易，促进经济利益与生态利益双重目标的实现。

2. 生态秩序原则

人们在社会生活中往往考虑的只是自己的行为对社会秩序的影响，却忽略了对非社会秩序即生态秩序的影响。生态秩序是其他一切秩序的基础，环境危机实质上就是对生态秩序的破坏。正是基于这样一种现状，可持续发展提出人与自然和谐共处，引导人们不仅要维护经济秩序、社会秩序，也要关注与人类生存发展密切相关的生态秩序。绿色金融法律的秩序价值观也应该突破传统理论的限制，按照可持续发展的需要相应更新，为金融业乃至整个经济体系与环境协调发展构建新的秩序体系。

3. 效率与效益原则

"效率""效益"是经济学常用的概念，现在已经延伸到法学领域，尤其是经济分析法学派更将效率与效益视为法学的核心价值之一。经济学中效率指的是资源的有效利用与配置，投入与产出的比较效益指的则是预期目标实现的有效程度。把效率与效益的概念引入法学，更密切了经济学与法学的联系，拓宽了法学研究的视野。

可持续发展强调的是人口、社会、资源、环境与经济发展的整体性，强调经济效益、社会效益和环境效益的统筹兼顾。不能因成本高、效率低而置可持续发展的精神于不顾，忽视社会利益和环境后果，也不能只顾结果，不管效率，耗费过多的国家资源，造成社会发展能力的损失。传统法律的公平、自由、安全等价值都是为了追求其终极价值——财富增长的最大化，即效率价值，也就是我国一直奉行的"效率优先、兼顾公平"的价值理念。这种价值观对于人类文明的进步有着不可磨灭的贡献，但是它忽视社会公平和生态和谐的多元价值，将社会生活简化为单一的经济生活，将法律的功能也局限于对经济秩序的工具性保护，与现代社会的发展产生激烈的冲突。在这种价值观下，靠牺牲环境创造经济财富在所难免。所以，要保护环境就必须树立环境价值的权威，寻求可持续发展的价值目标。绿色金融立法的重点就是要追求绿色效率与绿色效益，创造"绿色利润"，实现经济发展与生态保护的紧密结合。绿色金融法应以追求社会整体效益为其最大的价值取向。根据可持续发展的定位，在绿色金融法律制度中既要重视提高金融效率，又要注重实现社会效益与环境效益。

（二）完善绿色金融法律制度的基本架构

绿色金融的发展需要相应的法律制度安排。所谓绿色金融法是指有关调整绿色金融的法律规范的总和。也就是金融法的绿化，即体现环境保护理念的金融法。还有学者认为绿色金融法是指以金融手段促进环境保护的法律规范的总称。其实二者的定义从实质上来说是一致的，都强调在金融法中全面贯彻可持续发展即环境保护理念。从目前我国绿色金融发展现实来说，我国绿色金融法律制度主要包括绿色银行类法律制度、绿色证券类法律制度、绿色保险类法律制度以及绿色金融监管类法律制度。由于我国绿色金融的发展处于起步阶段，其发展理念还有待普及和深化，推动力尚显不足，相关法律法规制度尚未建立起来，制定一部单独的促进型法律是必要的。结合绿色金融在我国实施的现实需要，应从整体上制定《绿色金融促进法》，作为实施绿色金融的"母法"。

（三）完善绿色金融法律制度的基本内容

1. 绿色金融促进法

政策容易朝令夕改，而转化为法律则具有相对的稳定性。绿色金融政策符合"转化为法律的政策"所必须具备的条件，对相关绿色金融政策进行整合，站在绿色金融发展的整体高度进行立法，由此转化而来的法律可以称为《绿色金融促进法》。《绿色金融促进法》作为促进绿色金融发展的"基本法"，构成绿色金融法律制度的核心和主干。从法律部门分类来说，《绿色金融促进法》应该属于以社会利益为本位的社会法，更多体现国家宏观金融政策和环保政策。

第三章 我国绿色金融发展创新模式

第一，关于《绿色金融促进法》的立法路径。绿色金融政策法律化的路径应是由"软法"上升为"促进型立法"。在已经出台的绿色金融法律规范性文件中，我们可以发现最系统、水平最高的是《节能减排授信指导意见》，它具有明显的"软法"性质。所谓"软法"是指缺乏国家法的拘束力但却意图产生一定规范效果的成文规范。"促进型立法"对银行业全力支持节能减排具有积极的重要促进作用，对社会的发展具有引导意义。"促进型立法"中指导性规范、自愿规范相对较多，强制性规范较少。国家节能减排战略的顺利实施迫切需要以银行业为主的金融机构的配合，我国目前的绿色金融政策很符合"促进型立法"的特点，故我国绿色金融政策法律化的最佳形式是"促进型立法"。"软法"与权利义务对应的"管理型立法"（如经济法）区别明显，但"软法"的内在性质与"促进型立法"相比却很相似，责任形式主要是道义责任、社会责任，只是"软法"属政策，"促进型立法"属法律。故由"软法"上升为"促进型立法"是我国绿色金融政策法律化的最佳路径。

第二，关于《绿色金融促进法》的立法目的。《节能减排授信工作指导意见》（以下简称《指导意见》）指出"银行业金融机构要……从落实科学发展观、促进经济社会环境全面可持续发展、确保银行业安全稳健运行的战略高度出发，充分认识节能减排的重大意义，切实做好与节能减排有关的授信工作"。这一条明确将落实科学发展观、促进经济社会环境全面可持续发展、确保银行业安全稳健运行作为政策目标。当然该《指导意见》只是站在银行业这一角度来说的，但可以将之扩展到其他金融行业，使之成为整个绿色金融部门应贯彻的政策目标。再者从立法的角度来看，《绿色金融促进法》应将保障金融行业安全稳健运行作为直接目的，将促进经济、社会、资源、环境全面协调可持续发展作为最终目的。立法目的应该在总则中予以确立，作为绿色金融战略实施的宏观指导思想。

第三，关于《绿色金融促进法》的基本内容。在《绿色金融促进法》中可以确定如下具体内容：分专章设立总则、基本管理制度、发展形式（包括绿色信贷、绿色证券、绿色保险、排放权交易等）、激励措施、法律责任、附则等。

在总则中除了确定立法目的，还要对相关的概念进行界定，如对绿色金融这个种概念和绿色信贷、绿色证券、绿色保险等这些属概念进行明确的定义。还应在总则中确定把实施绿色金融作为国家经济社会发展的一项重大战略。

在基本管理制度中应当要求金融企业制定绿色金融发展规划，并报相关金融监管部门批准。绿色金融发展规划中应包括规划目标、适用范围、主要内容、重点任务和保障措施等。政府应要求金融机构应当配合环保部门的工作,对污染严重的大户实施"断粮"措施,坚决要求停产整顿,上马环保设施。政府应当会同环保部门共同制定相关环保标准和企业环境分类管理制度,这样银行业金融机构在企业申请贷款时有具体的环境审核标准,避免银行业金融机构陷入无所适从的境地。

在规定绿色金融发展形式上,按照我国现实要求,可以分为绿色信贷、绿色证券、绿色保险、排放权交易等形式。由于前三种形式涉及我国金融基础部门,因此可以在各自的金融基本法领域内进行法律制度的完善,在下文的具体制度完善中会进行详细介绍。所以在《绿色金融促进法》中可以对这三种形式的大体发展方向和发展要求作出相应规定,而不必在操作细节上重复立法,以免规范过多而影响实施的效果和造成法律之间的冲突。因此,可以在该法中制定相应规范,以引导排放权交易的良性发展。其内容包括排放权的确认;环境容量产权的取得和界定环境容量产权交易主体及交易范围当事人权利义务;市场交易程序和操作手段政府的作用和职责等。

关于绿色金融激励措施,可以运用利率政策、税收政策和建立相关奖励机制,来鼓励绿色金融的实施,促进绿色金融的发展。作为一部促进型的法律,《绿色金融促进法》应更多地采取激励措施以促进绿色金融的发展。尤其是对符合国家产业政策的节能、节水、资源综合利用等投资项目,金融机构应当给予优先贷款等信贷支持,并积极提供配套金融服务。而对于生产、进口、销售或者使用列入淘汰名录的技术、工艺、设备、材料或者产品的企业,金融机构不得提供任何形式的授信支持。国家还可以调整税收政策,建立绿色税收机制。对于污染严重的企业加征环境资源税,而对于生态环保企业可以给予所得税减免等优惠措施,以鼓励其发展。政府还可以设立研究和发展绿色金融的专项基金,用以支持开展绿色金融方面的研究,包括绿色金融法律制度方面的研究。

2. 完善绿色金融部门法律度

完善绿色银行法律制度。根据以上分析可以得知,在银行立法方面,信贷法律制度的完善是关键。虽然通过《绿色金融促进法》已经对绿色信贷进行了相关立法,但具体说来也只是粗线条的,一部简单的促进型法律不可能对绿色信贷法律制度作全盘而细致的规定。为适应我国发展绿色金融、推进绿色信贷的要求,在立法上可以采取法律修正案的形式完善《商业银行法》的相关规定。同时在《贷款风险分类指导原则》中增加环境风险评估的内容，严格规定贷款人的注意义务，逐步构建我国绿色信贷法律制度。在政策性银行的立法方面，应该出台政策性银行法律法规，确立政策性银行的法律地位，还可以成立专门的环保生态银行。

完善绿色证券法律制度。为了发展绿色金融，促进证券业与可持续发展战略的融合，就完善绿色证券法律制度而言，应当主要从以下方面努力：

第一，完善环境信息披露法律制度。通过证券监管将环境保护的要求融入投资活动和企业的管理之中。证券法对企业特别是上市公司的行为有重要的导向作用，不论是其投资活动，还是其管理方式和行为模式。可以说目前法律规范最完善的公司是上市公司，因而上市公司往往又是其他公司的榜样，证券法对上市公司有深远的影响。要求公司进行环境信息披露，不仅是为了满足利害关系人对环境信息的需求，对企业完善环境会计制度和环境风险管理制度也有很大的促进作用。虽然我国《公司法》对于上市公司的信息披露作了严格要求，但几乎没有涉及环境信息披露的规定。鉴于环境问题对企业财务状况和经营成果的影响越来越大，企业在其重大决策和日常活动中都必须考虑环境成本和环境效果，将环境管理融入企业运作之中。因此，仍有必要进一步加强环境信息披露方面的立法。这可以把还处在试行阶段的由原生态环境部出台的《环境信息公开办法》通过修改和完善及时转变为由国务院出台的《环境信息公开条例》，在该条例中应明确以下内容。一是信息披露对象。规定披露对象限于三类：投资者、证券监管机构和环保部门。公众可以通过申请来获取相关的信息。二是信息披露的方式。可以采取强制公开与自愿公开两种方式。对于事关重大公共利益和投资者利益的信息应该强制公开，其他的则视情况可自愿公开。三是信息披露的内容，包括对与投资对象和企业环境风险有关的所有重要信息，如企业的环境保护实施运转情况、环境费用投入、企业面临的环境风险情况等等。通过把部门规章提升为行政法规，提高环境信息披露制度方面的法律位阶，能够使环境信息披露法律制度更加完善。

第二，完善绿色融资法律制度。证券业应当为环保产业的发展优先提供融资渠道。证券市场是企业直接融资的重要渠道，对发展经济、调整产业结构都有重要作用。环保产业是非常有前途的新兴产业，已被确定为我国今后重点发展的产业之一，但其基础薄弱，发展的条件和机制尚未健全，急需各方面政策的扶持和帮助。因此，证券法应作出相应规定，对符合条件的环保企业优先安排上市或发行绿色债券，允许环保投资基金上市融资。此外，证券监管机构也要加强监管力度，严格禁止污染环境严重的企业以及建设项目通过证券市场融资。政府和环保部门还可以通过设立各种绿色基金、环境基金来拓宽融资渠道，比如可以在我国《证券投资基金法》中规定环境基金的种类和运作制度，确定基金融资方式、管理制度、分配制度和评估制度等法律内容，政府和人民银行可以鼓励私人参与生态基金的建设，鼓励企业建立环保基金和生态基金，允许私人参与城市公共环境治理项目的建设。在发展绿色基金上应该允许先尝先试，允许一些金融创新行为。建立环境基金风险防范制度，不仅要监督环境基金项目可能出现的财务、项目风险，还要协助企业规避因实施基金投资而出现的风险。这需要环境基金设立专门机构，进行基金投资项目和业务的风险评估和控制，加强环境基金的风险管理。环境基金将会为环境融资提供广阔的渠道，加速绿色金融的发展。

完善绿色保险法律制度。绿色保险又叫环境责任保险，在我国被称为环境污染责任保险。绿色保险是指以被保险人因污染环境而承担的环境赔偿或以治理责任为标的的责任保险。它通过解决环境纠纷、分散风险、为环境侵权人提供风险监控等方式为环境保护提供服务。我国是世界上受污染最严重的国家之一，因此在我国开展环境污染责任保险具有重要意义，对于我国的污染事故善后及时处理、化解纠纷矛盾和环境保护非常有帮助。该险种在国外已被许多国家证明是一种有效的环境风险管理市场机制。

3. 完善绿色金融法律责任制度

我国实行比较严格的金融管制措施，《中国人民银行法》规定的法律责任特点是直接责任者负责和央行的行政诉讼责任，强调的是银行首长负责制下的个人责任追究制度，多体现为追究行政责任和刑事责任。对于绿色金融责任制度的建立，应改变现行责任追究机制，以民事责任为主，刑事责任、行政责任为补充。这是由于我国金融机构已逐步实行股份制改造，特别是银行业。很多民营银行和外资银行相继成立或进驻我国，假如政府还按照计划经济的思维，一味对银行进行金融上的严格管控，这对市场经济的完善和金融业的发展是极为不利的。我们应把银行变为真正的民事上的主体，无论是国有还是私有，银行终究要回归市场，找到自己应有的位置，再也不是行政机构的附庸。在这种情况下，作为民事上的主体，其"私"的性质就决定了法律责任制度应当以民事责任为主，以刑事责任、行政责任为补充。

对于绿色金融责任机制的完善，可以结合现有的金融法律法规中有关法律责任的规定，并根据绿色金融发展的需要，形成具有我国特色的绿色金融法律责任机制。按主体分类，我国绿色金融法律责任主要有三类：一是对于不按绿色金融法律法规制度规定实施绿色金融的，比如在绿色信贷相关规定方面不按制度规定发放贷款，在审核时不预先对企业贷款项目的环境风险进行评估，则应对相关银行管理人员与信贷审核人员追究相应的责任。对由于银行没有按照绿色信贷的要求就给予贷款的项目，造成重大环境污染事故的，银行应承担部分民事赔偿责任。二是企业没有按照环境部门的要求披露相关环境信息，没有按照绿色金融的强制性规定披露企业所投入项目的环境信息，企业的管理人和负责人应按照法律的规定承担相应的法律责任，造成重大后果的，依法追究刑事责任。三是金融监管部门的监管人员，不按照绿色金融监管法律制度的规定，失职或越权监管应承担民事赔偿责任和行政责任。

（四）加强相关法律制度的综合完善

有人建议，在现有的法律制度基础上，再出台一部《绿色金融法》就可以解决绿色金融发展的问题，把绿色金融所有的法律规范都装入其中。这个想法未免太过于乐观，对于绿色金融的发展，我们不能期望一劳永逸。绿色金融法律制度的完善是一项系统工程，不仅需要针对绿色金融的专门立法和完善现已制定的金融法律法规，还需要其他相关法律制度的综合完善。相关金融法律法规的完善对绿色金融的发展至关重要，为绿色金融提供强有力的支撑。

首先，要改变立法完善上存在的局限性。对于绿色金融法律制度的完善不能只局限于金融领域，而应该在其他法律部门尤其是环境保护方面的法律制度比如《环境保护法》《环境影响评价法》《水污染防治法》《大气污染防治法》等相关法律制度中进行补充和完善。

对于我国开始实施的《环境保护法》，由于我国急速的经济建设步伐和工业化进程，导致我国生态环境发生了巨大变化，环境污染日益严重，致使很多规定都不合时宜。因此，必须对《环境保护法》的相关规定进行修改，尤其需要加大环境保护行政主管部门的执法权，改变"除了罚款就一无所有"的窘境。通过完善相关法规，加大对违法行为的处罚力度，重点解决"违法成本低、守法成本高"的不合理现象，规定环保执法部门可以联合金融机构对"污染钉子户"实行一定程度上的"金融制裁"。还需关注《环境影响评价法》中的环境影响评价制度。环境影响评价是指对规划和建设项目实施后可能造成的环境影响进行分析、预测和评估,提出预防或者减轻不良环境影响的对策和措施,进行跟踪监测的方法与制度。环境影响评价制度最重要的功能就是预防,可以事先对项目的环境影响进行评估,加强了相关规划和建设项目的环境管理,但这项制度仅是从环保部门的角度来说,环保部门执法权的相对软弱性和手段的局限性并不足以防止金融资金流向没有通过环评的项目,导致环境影响评价制度不能完全发挥应有的作用。所以环境影响评价制度应逐步完善相应的环境标准和评价体系,以期与绿色信贷中的贷款前的环境风险审查制度共同发挥作用,形成两道阻截环境污染和生态破坏的"防火墙"。我国目前行业环保标准多为综合性、普适性,行业准入标准也只涉及个行业。已有的环保政策和信息缺乏统一的管理与发布机制,行业环保标准也是"政出多门",缺乏统一性和规范性。为此,环保部门可联合行业组织和协会,建立一套基于环保要求的产业指导目录。如对各行业的产品、加工工艺、污染程度、如何排污等加以界定,为银行制定信贷标准提供参考。而这套产业指导目录应具有法律效力,是各个行业必须遵循的规范。

其次,我们也不能忽视金融责任中的刑事责任。因为金融业毕竟是高风险和事关大局的行业,运用法律手段严格防范金融风险还是很必要的。法律最重要的功能恰恰在于防范风险,比如刑法最重要的功能并不在于事后惩罚犯罪,而是事前预防犯罪,预防犯罪比惩罚犯罪更重要,这乃是一切优秀立法的主要目的。之所以设定严格的金融犯罪刑事责任,是因为金融事关国家全局,"牵一发而动全身",必须严控金融风险和其他可能对金融造成影响的风险。《中华人民共和国刑法》中关于金融犯罪的法律规范应予以相应完善,以刑罚的威慑力保障绿色金融顺利实施。

再次,立法完善的指导思想也需改变。如果仍然沿袭以前"遇着问题绕着走""把问题留给下一代解决"的思路,那么越来越多的问题累积起来就会使得很多问题积重难返,导致矛盾的集中爆发。这种回避问题的思路只能行一时,不能从根本上解决问题。绿色金融法律制度的完善,应该顺应我国金融市场发展趋势,对一些原则性的规定尽量细化,使其具有可操作性,而不是"聋子的耳朵——空摆设"。

第二节　我国转变经济发展方式的战略思路

一、制定环境友好型消费政策，形成消费主导新格局

纵观消费的若干决定因素，收入可谓是起到决定性影响的一个方面。收入的总量和分配的结构在很大程度上决定了一个国家消费程度的高低。当前我国国民收入分配的不合理性，已经明显制约了以消费为主导的新格局的形成。

当前，我国收入分配的结构存在比较明显的倾向性问题：就社会与政府而言，财富主要集中在政府方面；就劳方与资方而言，财富主要集中在资方方面；就普通行业与垄断行业而言，财富主要集中在垄断行业方面。这三个方面的倾向性问题，共同引起了收入分配差距的不断拉大，这也成为制约国内消费走高的重要因素。与此同时，居民收入比重的不断下降制约了消费的扩大，劳动报酬偏低也使得对消费的启动缺乏收入基础，财富分配的不公使消费空间难以有效地拓展。这些方面都构成了阻碍形成消费新格局的重要方面。

（一）加快收入分配体制改革

在新一轮的发展方式转变与改革进程中，从扩大消费的要求出发，应当将国民收入分配制度的改革作为深化经济体制改革的重点进行把握。要从根本上转变经济发展方式，调整我国内需外需结构、投资消费结构，走出一条符合中国国情的科学发展的路子，必须采取有力的政策措施拉动消费特别是居民消费需求，因为经济增长的持久动力是最终消费需求，我们发展经济的根本目的就是要满足人民群众日益增长的物质文化需求。

1. 扭转"三个集中"的趋势，使劳动报酬在初次分配中的比重得到提高

从我国的当前现状看，扩大内需关键是对于"三个集中"倾向的扭转，提高劳动报酬在初次分配中所占比重。我们需要在以市场机制为基础的调节上，深化对收入分配体制的改革，建立健全职工工资正常增长机制，使职工收入增长的速

度不低于劳动生产率上涨的速度和物价上涨的速度，并与企业效益的增长保持基本同步，为群众拥有更多的财产和财产性收入提供经济基础，逐步提高劳动报酬在初次分配中所占的比重，提高居民收入在GDP中所占比重。

2. 加快提高居民财产性收入，严防资产泡沫产生

作为我国能够达到国富民强的一个重要标准，财产方面的收入在城乡居民的总收入中的比重至关重要。为此，扩大消费与提高居民财产性收入至少需要采取如下措施：

（1）保护居民财产不受侵犯

对广大群众尤其是社会特殊群体的财产权的保护应当予以高度重视，对其财产的征用、没收或者被拖欠等不当行为都应严格纳入法律规制之内，以此确保财产性收入来源的基础稳固。特别是在保障农民土地权益和保障城镇居民财产权益方面更应加以重视。

（2）规范完善资本市场

通常居民投资时应将少部分财富投放到股市、楼市等高风险领域，而将大部分资金存放在银行理财产品、国债等低风险领域。当前在我国，高风险投资领域的收益要远大于其存在的风险，银行存在负利率的现象使得存钱也不一定能保值，迫使百姓将资金从银行取出投入到高风险的投资领域。投资市场的欠规范、行业自律和个人信用薄弱对投资者而言都是不公平的。为此，政府应首先积极推进资本市场的完善，建立起法治环境，为居民提供公平、健康、可持续的投资理财环境。

（3）确保土地作为农民财产性收入主要来源的地位

我们要清楚地认识到，扩大消费需求应是扩大内需的主要着力点，扩大居民消费又是扩大内需的重点，要通过完善消费政策、改善消费环境、培育消费热点等手段确保消费在扩大内需中的重要位置。

3. 控制政府财政收入的增长速度

近些年，财政收入增长速度远远超过GDP的增长速度，从经济可持续发展和提高居民收入的角度出发，需要对财政收入的增长速度进行合理控制，尤其是使税收的增长速度与GDP增长速度的差距保持在可控范围内，通过结构性减税使企业负担有效减轻，使税收结构更加有利于我国发展方式的转变。

（1）尽快建立单主体的税制模式

鉴于现行的流转税在税收收入中所占比重较大，以及由此导致的初次分配中

"税收侵蚀工资"现象的存在,应将现行的"双主体"税收模式更改为以所得税为主体的单主体税制模式。

(2)控制好以土地财政规模为主的预算外收入

当前各级地方政府大量的非税收入没被纳入财政预算的管理中,不仅滋生了腐败,而且造成了资金过热和产能过剩。从可持续发展的角度出发,必须把规范预算外收入管理制度作为今后改革的重点,加大力度控制土地财政规模的扩大。

(二)优化国有资源配置

国际上成功的经验表明,国有企业或者国有资本的大部分配置都从事了公益事业,其所追求的不是产生利益最大化而是国民福利的最大化。

首先,在国民经济安全和国民生存发展的重要领域加大国有资产的投入。

当前我国存在着国有资本与垄断行业交织在一起的局面。国有资本的存在应该是为了保障公共利益,所涉及的范围也要明确在公益事业的范围内,主要包括关乎国民经济安全的领域和国民生存发展的领域。

其次,加强对国有资产公益性作用的监管。

系统建立国有资产管理体制,进一步调整国有资产的管理体制;巩固和完善对国有资产监管的法律法规体系,建立科学的考核体系,特别是对国有企业重大决策失误和重大损失的问责追究制度;加快建立国有资本经营预算制度,加强国有资本预算的制度化、法制化建设,建立健全对国有资本预算的定期考核和评价制度。

二、完善社会保障和供给体系,建立公共服务新体制

改革开放以来,我国初步建立了社会主义市场经济体制的基本框架,在大大地释放了社会生产力的同时也成功地解决了私人产品短缺的问题。但随着新型发展阶段的到来,社会的需求结构也进入了战略升级期,全面快速增长的公共需求与基本公共产品的缺失及公共服务不到位的矛盾也日渐突出。当前,建立以基本公共服务均等化为目标的公共服务体制,成为新阶段发展方式转型的重大任务。

(一)创新公共服务体制,实现基本公共服务均等化

改革开放至今,社会结构发生了巨大的变化,利益主体也日益多元化,但重

大利益机制并不相协调。从发展方式转型的现实需求来看，尽快明确各级政府的基本公共服务供给责任、建立创新公共服务体系就极为重要。

1. 制定适合全国范围的基本公共服务均等化规划

从实践情况来看，实现公共服务均等化是一项全国范围的系统工程，只有在中央统一规划的情况下才能完成。尽快在全国范围实现基本公共服务的均等化，制定出全国范围的战略策划，使地方与中央职责清晰划分是当前的重要工作。

我国基本公共服务均等化面临着一个基础性问题——公共服务的标准不统一、不规范、不清晰，很多标准相对模糊，因此，尽快制定全国统一的基本公共服务均化的范围和标准就显得尤为重要。应当在基本公共服务的范围、种类、标准等方面进行规划。

2. 建立城乡共同发展的基本公共服务体制

（1）对农村现存的基本公共服务体系加以完善

对农村现存的基本公共服务体系加以完善，确保农村养老保险和其他社会保障的实现。解决农民工的基本公共服务实现城乡对接的问题，尽快推出确保农民工子女平等享有义务教育的制度。

（2）实现城乡间基本公共服务制度的对接

随着我国城镇化水平的逐步提高，未来几年时间里，实现城乡基本公共服务制度的对接，对于经济社会的发展以及政治社会的稳定都具有相当重要和深远的意义。在经济欠发达地区，鼓励有条件的地区先进行改革试点，努力提高我国的基本公共服务水平，政府要预留出城乡公共服务制度的衔接口，努力促进我国公共服务方的制度措施有效推进。

（二）适应发展阶段调整，实现社会体制向发展型转变

当前我国已经实现了由生存型阶段向发展型阶段的转换，社会体制的改革也应当以建设适应社会发展阶段的发展型社会体制为目标。发展型社会与生存型社会存在着明显的不同。一方面，市场和社会的逐步发育成为影响社会体制转变的基本因素，公民的权利意识也大大增强，在这种合力的作用下，政府在行使公职时应当应调整，构建出政府、市场、社会相协同治理的框架；另一方面，我国当前施行的社会政策仍处在"补缺式"的阶段，社会政策与经济政策的配合不明显，只有避免社会政策作为经济政策附属和补充的现状，才能形成与社会发展相适应

的长期战略规划，形成有效的、整合的社会发展机制。

建设发展型社会体制，最重要的就是建立起与经济政策相协调的、中长期的、内部整合的、积极的社会政策机制，在形成制度化的同时实现经济社会协调发展。加大对提高经济参与和生活水平的社会干预。投资于人，注重对公民基本权利的保障，鼓励社会成员有效参与，形成能有效增进全体社会成员经济和社会能力的制度体系，让经济政策与社会政策能有效互补与融合，从而扩大人力与社会资本的存量，达到推进经济社会全面发展的目标。

（三）提高社会组织的服务供给能力，实现与政府的有效合作

现存的社会问题是各种利益主体的利益突出严重，不能正确表达相应的矛盾，政府与人们之间也存在着沟通方面的障碍，这些问题的存在在日积月累之中就容易形成大规模的群体性事件。解决这些问题要通过大力推进社会建设，积极发展各类社会组织，才能实现政府与各利益群体间的有效沟通与合作。

1. 积极增加各类社会组织数量

经过多年的发展，我国在社会组织管理上形成了管理登记机关与业务主管单位分别负责的双重管理体制。

一是改革现行的登记管理办法，让双重许可的管理机制被社会组织监管委员会代替，对社会组织的登记、备案和监管等职能施行统一的管理，与此同时，对具有专业要求的民间组织在资质认证方面给予必要的业务指导。

二是依法降低社会组织的登记门槛。在确保其能拥有良好社会信誉和优质社会服务的基础上，建立起适合社会组织的竞争机制和自律机制。通过建立一系列的内部质量监控制度、财务监督和公开制度，提高机构的财务透明度。加强对从业人员素质、能力的提高和培养，建设内部激励制度和诚信竞争制度。

2. 加大力度保障社会组织在发展中的自主权

实践表明，政府对社会组织职能的干预既不利于政府发挥其作用，也不利于社会组织的发展。当前我国政府改革的目标之一就是适度培养独立于政府和企业的社会组织，打破原有的政社结合的传统体制。其中最重要的一点就是实现政府从部门利益和行业利益中的超脱，将身份从参与游戏的主体转换为制定公平、公正社会运行游戏规则的主体。逐步实现社会组织从领导人自选、活动自主、经费

自筹等方面的改革。

与此同时,改变社会组织立法落后的现状。我国社会组织的建设相关立法明显滞后于民间组织的发展。为此,抓紧制定社会组织的法律法规,从法律上规范社会组织的职能、权利、义务、性质、地位等问题,建立一个与民间组织良好运转相匹配的法规体系。

三、加快推进体制机制建设,创建低碳时代新经济体系

中国实现低碳经济的发展,提出长远规划和适应经济发展的管理机制是摆在政府面前的首要任务。加快结构优化升级是推动科学发展的重要途径,促进区域协调发展是推动科学发展的长期任务。

(一)推进能源资源价格改革

当前低碳经济与社会发展存在的诸多矛盾表明,发展低碳经济应该首先解决体制机制的问题。只有推进能源资源机制的改革,对市场供求关系、资源的稀缺程度和环境的损害成本确立一个合理的价格机制,发展形成健康有序的市场管理体系,最终才能实现能源和资源的可持续利用。可以从共同建立能源资源价格机制着手。

1. 大力推动能源价格机制改革

能源的价格标准要以市场导向为基础,建立一个能够自主竞争的市场机制。这样做一方面能够对各种能源产品的终端产业进行改革,另一方面也能对开发、加工等其他相关配套环节中的能源价格机制进行改革。杜绝能源价格上下游倒逼的现象,加大能源资源使用的税收征讨,针对节约能源、保护环境的绿色高科技产业出台优惠政策。提高《反垄断法》在能源资源行业的使用力度,增强政府在能源供给、储备、价格控制等领域的间接干预能力。

2. 完善资源价格的形成机制

对能源企业进行相应改革,形成以法人治理机构为核心的制度,提出激励和约束机制,提高企业对市场价格履行的自觉性。通过深化改革消除制约广大社会需求的体制性机制性障碍,通过发挥好市场在资源配置中的基础性作用来扩大内需,既要发挥好政府这双"看得见的手"的作用,又要发挥好市场这只"看不见的手"的作用,广泛调动各方面的积极性和创造性,不断强化各方面在积极发展

方面的活力与潜力。

（二）建立相应的财税支持体系

目前我国财政体制与绩效考核体制双重并进，为确保经济的发展，很多地方政府不惜单纯追求GDP总量，与低碳经济发展的宗旨背道而驰。为此，将发展低碳经济的指标量化到各个省份，由地方向下逐步安排，这是各级地方政府控制二氧化碳气体排放、适应全球气候变化的行之有效的办法。

大力发挥财税在调控经济发展上的杠杆作用，学习外来的成功经验，制定出相应的财税政策。完善消费税和征收环境税也是重要手段之一。尽管当前我国已有相应的消费税，但征收范围不够广，应将高能耗、高污染的产品和严重污染环境的产品纳入征收范围之内，对以不可再生资源为原料的产品施以重税，尽快研究制定环境税的征收办法，将海洋、土地、淡水、森林等自然资源和稀缺性资源、耕地占用等列入环境税的征收范围，以此提高企业的生产成本，通过提升价格倡导绿色低碳消费。

（三）建立可持续发展GDP导向的政绩考核体系

当前，我们应当建立和完善环境保护的长效机制，把环境保护摆在更加重要的战略位置。必须清醒地看到，节能减排面临的形势仍然相当严峻。低碳经济的发展需要政府制定一个中长期的规划，对国内相关标准、技术和管理程序都有一个明确的规定。英美、欧盟等世界主要发达国家都基于各自在能源、环境、政治等方面的优势，扩大其全球性战略，加强了各个领域在低碳经济方面的规划。

中国可以从当前的实际出发，权衡气候发展、中长远目标与经济发展的轻重，充分考虑减少碳排放、能源及环境保护的协同效应。充分借鉴国外在发展低碳经济方面的成功经验，加速完成我国的重工业化改造，最大限度地实现清洁环保的跨越发展，减少潜在的碳排放对经济的影响。

应当认识到，正确的政绩观的核心是民生，领导一旦脱离了这一核心，就极有可能陷入以追求GDP为目的的"经济增长主义"的发展模式中，政府应当综合考虑资源、环境、人文、社会等因素，建立可持续发展GDP导向的核算体系。

辩证看待GDP，以可持续发展观为导向，创建可持续发展的制度环境，通过完善立法、法律监督、有效执法等手段为可持续GDP考核体系的实施提供保障。

第四章 金融创新对金融稳定性的影响分析

第一节 金融创新对金融稳定的影响机理

一、金融产品创新对金融稳定的影响机理

金融创新产品是金融创新主体以市场为导向，注重经济利益和社会利益，并借助一定技术工具开发的、以满足广大社会需求为目的的新型金融服务产品。由于金融创新很少能创造出完全新的产品，因此，金融产品创新不仅包括由金融创新主体完全原创的产品，还包括根据自身需要对现有产品的某一特性进行改变或是从其他领域或地区引入的产品。

金融产品创新是金融创新主体（主要是金融机构）根据实体经济变化和金融环境的不同而进行的创新。不断涌现的金融创新产品虽然在一定程度上提高了金融活跃程度和金融效率，但它同时也改变了金融机构原有的经营模式，加剧了金融风险在不同市场之间传导的可能性，使原有的金融稳定格局被打破，金融脆弱性增强。

（一）金融产品创新的稳定效应

维持金融稳定的最终目的是在维持金融稳定、有序发展的基础上，实现对经济的促进作用，即实现金融效率。金融产品具有强大的构造性和无穷的派生能力。在实现风险管理和获取利润的双重驱动下，金融企业通过不断创造新的金融产品或是对现有金融产品的重新组合来适应不同阶层、不同投资者的资金需求，这样不仅可以优化金融结构，实现金融效率，也有助于化解金融风险，减少金融动荡，实现金融发展中的动态稳定。

第四章　金融创新对金融稳定性的影响分析

1. 促进了金融产品多样化，提高了金融效率

金融产品创新活动可以增强金融机构的盈利能力，突破资源配置在时空上的限制，提高金融效率，从而使得原本处于稳定状态的金融系统变得更加稳定。首先，随着计算机技术、电子信息网络技术等在金融产品中的广泛应用，以及大量金融衍生产品不断涌现，金融产品的资金集聚功能日益突出，资金供求双方借助债券、股票以及一系列的金融衍生工具，可以在极短的时间内完成资金集聚，从而在为金融机构提供了大量可供选择的金融工具的同时也降低了金融交易机会成本。其次，金融产品创新所带来的大量不同类型的金融工具能够在更大程度上满足客户多样化的需求，这不仅扩大了金融机构的盈利空间，也带动了新型金融市场的产生，打破了不同金融市场间相互分割的状态，有助于实现金融资源在全球范围内的有效配置，从而提高金融效率。最后，大量新型金融工具的产生有助于经济人的境况得到改进，尤其是越来越多跨周期、跨空间和跨币种的金融衍生产品被使用，突破了资源配置在时空上的限制，提高了金融效率，促进了经济发展。

2. 改善了金融机构，增强了金融主体抵御风险的能力

一方面，从金融机构内部来看，金融产品创新的不断发展，不仅可以满足客户多样化的需求，也使金融业务不断被细分和同质化。斯密视分工为经济增长的源泉，其专业化的生产可以在极大程度上实现报酬递增。同样，在金融产品创新的推动下，金融机构的种类不断多样化，金融结构不断优化，有助于金融机构超脱营销领域的低层次竞争，实现金融企业的可持续性发展。

另一方面，从不同金融主体的金融创新活动来看，在金融产品创新中有大量的金融工具是出于规避风险的目的而产生的，例如各种远期交易、期货、期权以及互换交易等。当面临汇率风险时，相关金融主体可以通过远期外汇交易锁定价格；当面临利率风险时，金融主体也可以利用利率互换这个金融创新工具，将浮动利率资产转换为固定利率资产以减少利率可能下降的风险；同样，信用违约互换合约则是将贷款人出现的信用违约风险分摊给了保险公司和其他投资主体。金融产品创新为金融机构以及其他金融主体分散和转移金融风险提供了可能，从而有助于提高金融主体抵御风险、重新实现金融稳定的能力。

（二）金融产品创新的冲击效应

1. 增加了金融机构自身的脆弱性

金融衍生产品大量涌现，在为金融机构提供了更多的获利机会和风险管理手段的同时，也增强了它们承担风险的意愿，削弱了金融机构实施内控管理的动机，从而导致金融脆弱性。

在传统的金融业务中，信贷产品占了绝对重要的地位。为了确保资金的流动性和安全性，金融机构有充分的动力进行内控管理，严格地审查借款者的资信，并在贷后实施跟踪监督。而随着金融衍生工具市场日趋完善，大量中间业务和表外业务成为金融机构收入的主要来源。信贷业务核心地位的改变使贷款质量不再是影响金融机构收益的关键因素。这无疑在一定程度上削弱了金融机构实施内控管理特别是贷款管理的意愿，直接导致发放贷款标准的不断降低以及金融衍生品违约率的上升。与此同时，随着信息网络技术、计算机技术等新科技被广泛运用于金融领域，越来越多的金融产品被创造出来，也极大地提高了金融机构获取信息的能力，使它们在金融交易中处于优势地位，强化了金融机构承担风险的意愿。

随着金融产品创新的迂回过程越来越长，金融产品的虚拟化程度也越来越高。在金融市场上，交易标的资产不再仅仅是一些传统的基础金融产品，还包括各种金融契约。人们不需要足够的资金就可以从事金融交易。金融衍生产品的这种虚拟化和高杠杆率不仅打破了过去全球金融市场在时空上的分割状态，也极大地增强了资金的流动性，其高收益的特点也会吸引更多的金融机构从事这种高风险、高收益的业务。然而，高度虚拟化和杠杆化的金融产品能够持续发展，依赖于信贷环境的宽松和资产价格的不断上涨。一旦这种条件不具备，资金链就可能断裂。正如我们在美国次贷危机中所看到的一样，一旦这些资产泡沫破灭，将会引发剧烈的金融动荡，直至金融危机的爆发。金融产品创新加剧了金融机构自身的脆弱性，使其在面对外部冲击时可能出现金融动荡。

2. 加剧了投资者与金融机构间的信息不对称

一方面，由于大多数金融衍生品所涉及的金融契约的真实交易发生在未来，因此对于它们的定价需要投资者根据市场信息对未来的收益和风险进行预期。另一方面，以市场定价为基础的金融衍生产品增加了金融机构的透明度，也降低了金融机构的获利能力。为了获取更多的利润，金融机构的经营者有了隐藏信息的

第四章　金融创新对金融稳定性的影响分析

动机，通过创造更加复杂的产品让投资者无法理性地对风险进行正确的判断；通过将更多的表内资产转移到表外，加大所有者和监管者的监管难度。金融市场在两者的共同作用下，其信息不对称问题更加突出。由于远离真实交易，投资者很难对这些衍生产品的质量作出正确判断。投资者的心理会随着资产价格波动的幅度和频率发生变化。而以小博大的特性又常常使衍生产品成为投机的工具，产品与生俱来的高风险被成倍放大。当幅度和频率达到一定程度时，投资者的心理就变得十分敏感，在市场上表现为群体的一致性，从而加剧了金融市场的波动性和不稳定性。

（三）金融产品创新的风险传导效应

金融产品创新在提高资金流动性和配置效率的同时，也增强了经济主体之间的反馈效应。以某个衍生产品为例，当其所标的的资产价格发生剧烈波动时，相关投资者会根据情况调整投资头寸，且这一调整行为的结果将被反映在公司的资产负债表中。而如果受到流动性约束或市场信息的影响，该调整行为被迫以折价甚至是平仓的形式出现时，投资者将遭受巨大损失，且这种损失有可能通过信用担保、赊账、相互拆借、证券化等金融产品直接或间接影响另一个企业的资产负债情况。在信息不对称的情况下，金融衍生产品将加速这一传导过程，不仅会导致其他具有类似性质的产品价格下降，也会将一些没有任何经济联系的企业、市场或国家联系在一起，从而导致金融动荡。

二、金融市场创新对金融稳定的影响机理

金融市场创新是通过对金融交易方法进行技术改进、更新或创设，从而形成新的市场架构的金融创新行为。一般来说，金融市场创新分为两个层面：

一是新市场的开拓，如资本市场的建立、金融衍生工具市场的产生等。创新主体根据资金供需主体的要求以及自身技术水平的情况，开拓出新的金融市场。一旦新的金融市场形成，其首创效应极大。

二是金融市场体系的创新，即通过对金融市场各要素的重新组合和开拓，不断完善市场机制，优化资源配置，促进金融创新的扩散。与金融产品创新相同，金融市场创新对金融稳定的影响机理也具备了鲜明的"双刃剑"特征：一方面，金融市场创新可以极大地提高金融市场整体的运行效率，促进金融稳定；另一方

面，加大了风险的传导性和实施金融监管的难度，加剧了金融的不稳定性。

（一）提高了金融市场的整体运行效率

随着金融市场创新的发展，新兴市场不断涌现和壮大，经过几十年的发展，金融市场已从单一市场发展到多个市场并存，从国内市场发展到全球金融市场，从在岸市场发展到离岸市场。金融市场结构的不断优化和改善不仅为各类资金需求者提供了更多的选择余地，也为大量的资金供给者提供了更多的投资渠道，从而极大地提高了资源的配置效率，更好地发挥了金融促进经济增长的作用。与此同时，金融市场创新还有利于价格形成机制的合理化，提高金融市场的整体运行效率，促进全球金融市场的稳定。金融市场的价格取决于交易双方对影响价格相关因素信息的获取能力。信息技术和互联网在金融市场中的广泛使用，使金融市场对价格信息的获取能力更为强大和快捷，进而突破了金融市场原有的时空概念，使国内金融市场与国际金融市场的差别越来越小，金融市场参与者可以实时接收来自世界每一个角落的数据，并及时进行处理、分析，进而作出新的价格判断。而金融市场的国际化也使投资者试图通过在不同市场上进行套利活动而获取价差收益的可能性变小。同一种产品在不同市场的价格日益趋同，金融市场价格的形成机制更加合理化。

（二）加大了金融风险的传导效应

金融市场创新在提高金融效率、促进经济发展的同时，其复杂性和多元化也加大了金融风险的传导性，提高了维持金融稳定的难度和复杂程度。金融市场的发展，特别是货币市场、资本市场以及金融衍生工具市场的产生和不断壮大，为微观金融主体提供了更多的选择空间。由于这些新兴金融市场往往能够使交易主体以更低的交易成本获取更高的利润，在利益的驱动下，不论是传统的商业银行还是大量非银行金融机构都扩大了这些衍生交易的规模。在发达的金融市场，"影子银行"的规模甚至已经超过了传统的商业银行。一个金融机构同时在多个国内外金融市场参与交易活动已经成为一种常态。多样化的金融市场不仅提高了金融交易的活跃程度，也对既有的金融市场的竞争格局造成影响，产生"鲶鱼效应"，使市场与市场之间的差异越来越小，使金融活动具有高灵活性、投机性、高杠杆性。当某个市场发生金融风险时，很容易通过微观金融主体在不同金融市场的活动中进行传导，进而加大金融动荡，甚至产生多米诺骨牌效应，引发全球性的金融危机。

（三）多元化的金融市场加大了监管难度

控制风险、维持金融稳定是金融监管的首要任务。随着金融市场结构的变化以及在开放进程中市场要素的重新组合，金融监管制度也要随之发生变化。一旦两者不相匹配，就可能降低金融效率，甚至导致失衡。

首先，金融市场多样化扩大了金融监管的范围。在早期的银行主导型的金融市场中，参与金融活动的主体是商业银行，其他金融机构如保险业、证券业、信托业等并不发达。而进入20世纪70年代末，随着金融自由化改革的不断推动，这些非银行金融机构逐步成为与银行并重的金融部门，金融监管的对象也从以银行为主逐步扩大到其他金融机构。其次，金融市场结构复杂化要求金融监管模式发生改变，在这个过程中可能加剧金融的不稳定性。传统的金融监管模式以分业经营、分业监管为主，然而随着金融业竞争的日益加剧，越来越多的金融机构开始向综合化、全能化、国际化的金融超市发展，同一家金融机构同时在不同的金融市场从事经营活动已经成为一种普遍现象，业务日益复杂化，信息不对称问题尤为突出。如果仍旧维持分业监管的模式，则有可能出现多重监管与监管真空并存的现象。

三、金融制度创新对金融稳定的影响机理

金融制度是一个国家用法律形式所确立的金融系统，以及确保这一金融系统相对独立运行的一系列制度规定。按适用范围的大小不同，金融制度可以划分为三个层次：①从广义上看，包括货币制度、汇率制度以及各种金融法规等。这是金融制度的最上层，也是所有金融活动和金融交易的规则和制度。②中观层次，包括金融机构、监管机构等金融体系的构成。③微观层次，即所有金融活动和金融交易参与者的行为。

作为不断寻求自我完善的过程，金融制度创新的驱动力来自金融企业和政府部门对金融供求均衡化以及维持金融稳定运行的动机。然而与金融产品创新和金融市场创新不同的是，金融制度创新的过程更为复杂，且金融制度具有鲜明的历史特征，一个有效和相对完善的金融制度必须与当时的经济发展程度和水平相适

应。因此，金融制度的创新会对金融稳定产生什么样的影响，取决于其是否符合实体经济发展的需求，并与特定的经济制度相匹配。显然，一个良好的金融制度创新将有利于提高金融效率，实现金融要素的优化配置，维持金融稳定，实现促进宏观经济健康发展的目标。反之，当制度需求与制度供给出现矛盾，新的制度在制度安排和技术上出现漏洞，与原先设定的目标大相径庭时，该金融制度就处于一种无效状态，甚至引发金融动荡。因此，金融制度创新对金融稳定的影响机理可以从以下几个方面进行分析。

（一）金融制度创新主体之间的博弈

金融制度创新是对原有制度的重构，是金融制度供给者与需求者之间动态博弈的过程。在以需求者为主导的系统中，单位创新主体（金融企业）往往是制度创新的决定力量。它以产权界定清晰和自主决策为制度条件，以追求自身利益最大化为目标进行制度创新。例如，计算机和网络技术在金融领域的广泛应用，导致大量新的衍生工具涌现，为了确保金融稳定运行，客观上会迫使金融监管当局作出适时、适当的创新反应，制定相关的交易规则和监管制度。这种由微观金融主体创新形成的倒逼机制，有利于提高金融效率，促进市场竞争，避免金融寡头的出现，并通过健全金融交易规则抑制机会主义倾向。但是，如果作为金融制度供给方的政府没有作出及时的反应，就有可能导致金融风险。相对而言，供给主导型的制度创新则是金融当局以大量的公共产权和集权型决策体制为制度条件，通过直接和间接的手段自上而下组织实施的创新。在这种制度创新下，政府占有着绝对的主导地位。

每一种金融制度和金融运行机制的改变都是与特定的历史背景、经济发展阶段和金融深度相适应的，经济发展会导致金融制度的变革。但当经济发展目标与金融稳定目标发生冲突时，过度的金融制度创新会导致金融风险积聚、金融效率降低和经济发展受阻。因此，当一国政府进行金融制度创新时，往往需要在经济发展和金融稳定之间作出选择，而最后的决定往往取决于决策者的利益和偏好。

由此可见，金融制度创新主体之间的博弈以及最终制度决策者的利益偏好直接影响着金融制度创新，并最终对金融稳定产生影响。

第四章　金融创新对金融稳定性的影响分析

（二）金融制度创新过程的复杂性

一个运行相对良好的金融制度应该与当时的经济发展水平相匹配，过度创新会导致金融过度虚拟化，而创新不足也将产生金融抑制。但同时，金融制度从根本上决定着金融发展的总体效率和空间，它要求相应的创新行为必须符合金融发展的长期目标。这种长期发展战略与短期宏观经济环境变化之间的矛盾增强了金融制度创新过程的复杂性。如果一味地以短期宏观经济发展目标为依据实施金融制度改革，有可能导致一些刚刚被实施的新制度反过来又被否定，成为再次改革的对象，使创新成本增加，相关微观金融主体也会因为制度的多变性而变得无所适从。值得注意的是，金融制度是对金融体系结构、运行机制等进行规范的法律法规。一个制度创新行为从决策到实施再到发挥应该有的作用是一个较长的复杂过程，在制度转换的过程中或多或少会产生某种程度的重叠或制度真空。如果金融制度创新主体不能很好地解决这一问题，必然会产生金融混乱。

（三）金融制度创新与金融协调

金融稳定是指金融要素，包括金融组织、金融市场、金融工具、金融制度等，保持均衡、匹配，并与外部实体经济协调发展，即金融的安全与效率取决于金融协调。金融制度创新的目的在于通过提高金融运转效率、改善信用环境等促进金融系统发展。如果新的金融制度偏离了特定的经济制度框架或是与其他金融安排和要素发生冲突，即当出现了制度的不协调时，就会起到阻碍作用，加大金融风险，降低金融效率。以新兴市场为例，在潮流的影响下，金融自由化和放松管制曾被认为是新兴市场融入全球金融体系的捷径，但层出不穷的金融危机似乎证明，金融市场的开放总是伴随着资产价格的上升，特别是部分发展中国家试图通过制度创新同时实现资本自由化、汇率的稳定性和货币政策独立性，这种"不可能三角"势必将这些国家的金融系统置于更大的风险当中。因此，金融制度创新必须是在特定的经济制度框架下，更谨慎、循序渐进的过程，是在实现金融协调发展条件下的创新。

综上可以发现，金融创新对金融稳定的直接影响始于宏观经济金融发展对提高金融效率、维持金融稳定的需求和金融企业的逐利行为。金融企业、政府以及其他金融创新主体根据实体经济和金融环境变化而进行的金融创新虽然在一定程度上提高了金融活跃程度和金融效率，但也改变了金融机构原有的经营模式，打破了原本处于稳定状态的金融结构，增强了金融风险在金融机构、金融市场间的传导效应，使金融整体失去了平衡。而当出现金融不稳定时，各种自我纠错功能和外部干预力量就会发生作用，政府以及金融家通过实施一系列有利于金融稳定的制度创新或是对原有的金融产品创新和市场创新路径进行调整，使金融运行重新回到稳定状态。因此，金融创新视角下的金融稳定是一个从稳定到不稳定、再到稳定的动态循环过程，在这个过程中，原本稳定的金融结构受到金融创新的冲击而不断被打破和重建，即金融企业、政府以及其他金融创新主体为应对宏观经济发展和金融动荡而进行的不同层次的金融创新是这一动态循环过程的驱动力量。

此外，值得注意的是，一段时间内金融创新的各个环节往往并不同步，而是偏于某一个方面。如果金融创新主体在开辟新的市场、提高金融自由化程度、拓宽新的投融资渠道的同时，不加强金融监管制度的创新，趋利性可能会使大量金融资本在金融系统内部追求分配机会，而不是进入实体经济领域追求生产性机会。结果不仅无法促进经济健康发展，反而增加了金融的投机性，刺激金融泡沫化，最终可能诱发金融危机。由此可见，在实施金融改革和创新的过程中，各个环节都需要协调，否则就可能导致部分新兴的金融活动被排除在金融监管之外，加大金融系统的潜在风险。

第二节　金融创新视角下金融稳定的宏观经济因素分析

一、全球经济一体化与金融稳定

金融是经济的核心，金融创新可以有效促进经济发展。与此相对应，以金融自由化为核心的金融全球化真正构成了全球经济活动的基础。不断涌现的新技术、新产品和新市场不仅使投资者在全球范围内迅速调动资金并及时掌握有关信息成为可能，也使世界各个国家、地区之间的相互依赖程度越来越高，一国的内部市

第四章　金融创新对金融稳定性的影响分析

场向其他外部市场不断延伸。金融创新给世界经济带来的潜在利益显而易见，但其在促进世界经济一体化的同时也加大了金融风险。

（一）金融创新促进了经济全球化的发展

进入20世纪90年代以后，金融创新的一大特点就是金融的国际化和全球化，多样化的金融工具、跨国经营的金融机构以及全球化的金融市场使资金跨国流动成为现实，也为跨国公司实施全球战略提供了平台。

1. 金融创新促进资本跨国流动

首先，金融创新引起了货币深化。货币深化是金融深化理论中的一个概念，即在一国经济中货币化程度的提高。在世界范围内，金融创新通过金融机构全球化、金融工具多样化以及金融市场全球化，有效地沟通了地处世界不同地区的资金供求双方，使资金供求双方能在全球化的市场中达成交易，并形成了市场利率。在开放经济条件下，由于世界各个国家、地区的经济实力存在明显差异，运用生产要素的能力和聚集财产的本领也有区别。在资源供应有限的前提下，金融中介的跨国活动以及国际性的新型金融工具就是沟通不同类型经济体的有效渠道。金融全球化使储蓄和投资进一步分离，通过跨国金融机构的金融活动为那些没有投资机会的储蓄者带来好处，并推动了整个社会经济的发展。

其次，金融创新改变了融资格局。从经济主体自身来看，跨国的金融创新活动使经济主体对外部经济的依赖性增强。特别是国际资本市场的发展，完全打破了融资规模和数量在空间和对象上的限制。它可以在全球范围内动员和集聚资金，克服在封闭经济中筹资范围小、数量有限的缺点，从而使经济主体能在全球范围内寻找到最好的投资机会，分散风险，并最大限度地利用所集聚的资金。

最后，金融创新促进了资本的形成。资本形成率是决定经济增长的一个关键因素，也是经济一体化发展的关键因素。从长期来看，企业为了使利润最大化，必须扩大生产，这就需要大量的资金。企业对资金的需求取决于资金和劳动力的边际成本。当资本的借入成本上升时，企业对资金的长期需求下降，而当劳动力成本上升时，企业对短期资本的需求上升。

2. 金融创新促进跨国公司的全球经营战略发生变化

跨国公司在经济全球化中扮演着不可替代的角色，成为国际贸易、国际投资和世界经济发展的重要推动力。

首先,金融创新有利于跨国公司实施组织和管理制度的调整。国际金融市场、跨国金融机构以及金融合约不仅可以降低经济主体在进行金融交易之前获取信息的成本,便于跨国公司和企业家在全球范围内去选择最有前途的公司和经理人,还降低了事后的监督成本和执行成本。跨国公司股东及"外部"债权人会通过创设金融安排推动经理人制度,使跨国公司所有权与经营权进一步分离,追求股东利益的经营管理目标更加突出。同时,跨国公司在实施对外扩张的过程中往往面临海外分支机构过多、组织架构过于复杂的问题。而随着金融全球化的发展,跨国公司逐步利用金融中介提供的信息服务实施集中化调整经营战略,进一步突出公司总部在实施总体战略方面的作用,减少层次,精减人员,增强应变能力。显然,金融创新有助于强化公司治理功能,并不断提高资本配置效率和促进经济全球化的发展。

其次,金融创新推动跨国公司对外投资战略的调整。跨国并购和对外直接投资成为跨国公司对外投资的主导方式。因此,金融市场的发达程度就成为影响跨国公司对外投资战略的关键因素之一。一方面,全球化的金融市场横向分担了风险。根据马克维茨的投资组合理论,当证券的种类足够多时,资产组合的非系统性风险基本消除。在金融全球化的背景下,企业家在决策是否投资一项高风险的项目或是从事跨国经营活动时,可能由于要面临很大的不确定性而决定放弃投资。而国际化的资本市场创造的风险分担机制恰好可以为其解决这一问题。企业直接在东道国的资本市场进行融资,这不仅有利于跨国公司规避因汇率波动而产生的汇率风险,还能让企业家通过股票市场将风险分担给众多的投资者。另一方面,国际资本流动规模迅速扩张,全球金融市场逐步集中,货币市场存单等金融衍生工具不断涌现,传统的存款、储蓄业务与保险、证券和信托投资等金融中介之间相互渗透、相互融合,形成了新的综合性金融创新产品。这些产品为投资者和存款者提供了更多的投资选择,降低了因市场利率和汇率波动造成的储蓄存款损失的风险,也为交易者提供了便利的交易场所和途径,在很大程度上降低了交易成本和交易风险。

最后,金融创新为跨国公司实施业务经营战略调整提供了新的途径。为了在国际竞争中获得优势,跨国公司需要不断地调整全球化战略,实施经营战略的"当地化"(包括研究与开发、高管人员以及公司风格的当地化),开展合作竞争,

第四章 金融创新对金融稳定性的影响分析

实现业务优化重组。在这个过程中,金融与核心业务的结合成为一种趋势。

(二)经济一体化放大了金融危机的传染效应

危机传染是系统性风险的核心。所谓危机传染,泛指一国金融危机的跨国传播和扩散,包括贸易金融关系密切的国家间产生的接触性传染,也包括由投资者或金融经纪人行为导致的非接触性传染。虽然一个更为开放、不断创新的金融系统可以有效地消除国际资本流动的屏障,减少政府管制下的价格扭曲和市场失真,改善跨国公司的全球经营战略,提高经济运行效率,但在全球经济一体化的背景下,国际资本投机性、趋利性和大规模快速流动等特点被放大。

1. 国际贸易溢出渠道

在金融全球化、经济一体化的背景下,国际贸易规模不断扩大,各国之间的经济相互渗透、相互依存关系得到加强。尤其是地处同一个区域的国家,它们不论在人文历史背景、生活习惯还是在经济结构和发展战略上都十分相似。国际贸易的溢出效应在促进了区域经济、金融一体化发展的同时,也加大了它们之间的关联性。任何一个国家的经济都不可避免地受到本地区内其他经济体金融变动的冲击。当一国发生金融危机时,居民财富会大幅缩水,投资者渐渐失去对经济可持续发展的信心,消费需求和消费能力持续下降,而这将必然导致本国居民对外国产品需求的下降,反过来影响其他国家的经济发展。

2. 国际资本流动渠道

经济一体化的一大特点就是金融全球化。金融创新和贸易的自由化政策消除了资本自由流动的屏障,使其可以便利地进出各国金融市场。同时,为了满足跨国公司经济交易的需要,各国银行体系之间建立了非常复杂而多变的跨国清算支付体系,形成了相互交织的债权债务关系。当一国发生货币危机时,国际资本将面临更高的投资风险和更低的投资收益。出于逐利的动机,大规模的投机性资金会选择在短时间内离开该市场。而资本的大量外流又会降低危机发生国金融市场的流动性,金融中介机构或跨国企业为求自保不得不会收回其海外投资,进而加剧了金融危机的溢出效应。与此同时,通过金融机构的借贷联结和网络效应的放大机制,一国的货币危机会被传递到其他国家,并对危机发生国所在区域内其他国家产生货币冲击。随着经济全球化、金融全球化的发展,这种冲击由于金融溢出效应的存在而越发明显。

3. 自我实现的净传染渠道

除了由于贸易金融密切关系而引发的金融危机传染效应外，金融恐慌、羊群效应等非接触性传染渠道也是导致金融不稳定的主要因素。金融自由化和国际市场的不断开放使世界各国的经济结构、金融结构明显趋同，而金融衍生工具层出不穷也使经济、金融交易变得日益复杂，信息不对称问题日益严重。当一个国家发生金融危机后，如果投资者对危机发生国比较了解，能够获取较为充分的经济、金融信息，投资者会基于自己所掌握的情况对投资风险重新进行评估，并根据评估结果调整投资组合。而在信息不对称的情况下，投资者的这种行为可能起到示范作用，并最终将金融危机传染到其他具有类似经济金融结构的国家或地区。

相反，如果投资者对所投资国家并不十分了解，当一国发生金融危机时就有可能出现羊群效应。金融创新视角下的金融产品价格不仅取决于市场供求，同时还与人们对未来收益的预期密切相关。金融衍生工具的复杂化和国际金融市场的复杂化加大了未来情况的不确定性，而在信息不对称的情况下，金融资产的价格更是取决于大多数投资者的判断。当大多数投资者的判断都一致时，出于群体一致性的压力，投资者往往不论其自身判断准确与否都会选择跟随策略，进而产生羊群效应。因此，当一国发生金融危机时，对于投资者而言，他会立即出售其拥有的该国资产，并抛售与危机发生国具有类似特点的其他国家资产。此时，由于存在羊群效应，一些没有相关信息的投资者也会盲目跟从，撤回资产。这样，使得本不应该爆发金融危机的其他国家也跟着发生了金融危机。

自我实现渠道的危害性在于，即使是实体经济没有出现问题的国家，也会由于"领头羊"的错误以及众多跟风者的投机行为，被逼着发生危机。

二、经济结构与金融稳定

金融在现代经济中处于核心地位。金融创新通过增加资本积累、提高资金使用效率和促进技术进步这三个渠道来推动经济发展。经济结构是经济增长的前提。一个国家或地区的经济发展和经济结构优化升级联系在一起。金融创新在经济结构均衡及层次升级的过程中发挥着至关重要的作用。同样，一个良好的经济结构可以促进金融的发展，然而畸形的经济结构却可能导致金融失衡。

第四章 金融创新对金融稳定性的影响分析

(一) 产业结构调整频率加快

经济运行的时序结构以长波的形态展开。根据长波周期理论，资本积累才是推动经济发展的关键因素，而并非传统意义上的生产技术变革或是新市场的开发。一般而言，新市场的开发不会引起经济高涨；相反，经济高涨可能会推动新市场的扩张，而基础创新也往往出现在长周期的下降阶段。只有当资本积累到一定阶段，投资者认为其最低收益能够得到保障时，他们才会克服风险厌恶，并抓住新的基础创新所带来的机会，即基础创新只会在下一个大的上升阶段形成时才会大规模地得以应用。金融创新的发展极大地缩短了资本积累的过程，打破了基础创新的瓶颈，大大加快了产业结构调整的速度。但资本的逐利性也带来了高度不对称的社会经济后果，经济空洞化、要素收入分配不均衡等问题又反过来影响金融稳定，甚至引发金融危机。

新经济时期极度惊人的创造力和高速发展的经济在很大程度上应归功于金融全球化和金融自由化所带来的财富效应。一时间，一切"高新技术"企业的股票特别是那些与互联网有关的企业股票都被炒得红红火火。然而不容忽视的是基础创新往往具有随机性和高风险性。事实上，当时互联网行业还处在成长初期，大部分网络企业是由一些商业经验不足的年轻人创办的，企业规模小，盈利能力差，投资风险极大。在新技术带动的投资浪潮中，许多资本雄厚的企业也陷入了一种前所未有的困境。在激烈的竞争中，技术创新被摆在了核心地位，企业为此投入的开发资金和研究力量达到前所未有的规模。但是企业尝试研发一种全新的技术得到市场认同需要一段时间，在开始时是不可能盈利的，这意味着企业需要有外部资金特别是银行贷款给予支持。但是，技术更新周期加快，企业可能还没有收回上次的技术投资，就要开发新的技术，否则就跟不上新技术发展的潮流。正是这种技术更新加快的压力使企业无法摆脱它的债务，甚至其债务总额滚雪球般发展。一旦投资者发现技术泡沫即将破灭，就会纷纷抛售手中持有的股票，公司股价市值急剧下跌，导致股市崩盘，商业银行业无力收回贷给科技企业的巨额贷款，进而引发金融动荡。

此外，新经济所形成的技术导致经济扩张，还加剧了产业结构调整过程中对传统行业的损害程度，并间接对金融稳定造成影响。创造性毁灭是一个痛苦的结构性历程，它所形成的竞争往往会导致主导产业的周期性更新，并因此导致经济部门的兴衰变化。一旦传统行业无法跟上创新的步伐，就有可能被市场淘汰。投资者为了最大限度地获得投资收益，必然在投资过程中选择有竞争优势的一方。因此，一旦传统企业或行业出现利润减少、市场萎缩的情况，他们就会减少在该市场的投入资金。而这些曾经是主导产业的传统企业往往也是聚集信贷资金和其他外部投资资金最多的地方，企业亏损或者因资金链断裂而导致资不抵债的情况，最终受害者依然是金融投资者。综上，创造性毁灭所带来的新市场与旧市场的交战，会引发经济周期的变化、生产要素的重新分配和金融危机的爆发，这个过程既是创新也是毁灭。

（二）实体经济规模与虚拟经济规模的非协调性

进入20世纪70年代，随着金融自由化的不断深入，货币资本化的趋势越来越明显，期票、股票、债券、期权以及各种金融衍生工具纷纷涌现，推动了全球经济虚拟化进程，居民家庭财富中的虚拟资产比例日益提高，企业利润也更多地来源于虚拟资产。实体经济发展离不开虚拟经济的支持，但如果没有实体经济，虚拟经济将无从谈起。

虚拟资本产生于借贷资本和银行信用制度。与实体经济受生产成本和技术限制不同，虚拟产品遵循资本化的定价方式，预期收益率受到经济行为以及人们心理预期的影响，其产品价格具有内在波动性。定价方式的差异直接导致了实体经济与虚拟经济在价格波动上的不同步。当实物资产的投资回报率低于虚拟经济时，大量资金会从生产领域流入虚拟市场。这一方面会对生产性投资产生挤出效应，实体经济领域将因资金供给不足而出现萎缩，产品和服务价格上升。另一方面，将放大杠杆效应，在高利润的诱导下，投机行为有可能更加猖獗。在经济繁荣时，银行容易脱离实体经济的需求大量放贷，而一旦泡沫破灭，资产价格下降，资金链断裂，又将导致实体经济出现危机。因此,实体经济与虚拟经济两者是相互依存、相互制约的关系，只有当两者发展协调统一时，世界经济金融才能处于均衡状态。

三、货币政策与金融稳定

作为调控宏观经济的两大重要手段之一，货币政策除了维护货币稳定（价格稳定）、促进经济增长之外，同时还肩负着维持金融稳定的任务。然而随着20世纪70年代以来全球金融自由化浪潮的到来，国际金融形势发生了很多变化：

第四章　金融创新对金融稳定性的影响分析

一是由于现代计算机、通信手段的发展和电子货币的产生，国际外汇市场在全球范围内形成了一个24小时不停运转的、统一的市场，国际资本流动更加便捷，规模更大；二是各国货币市场和资本市场规模不断扩大，交易品种日益丰富，直接融资对经济活动的影响力和渗透力大大增强，货币政策脱媒现象突出；三是各国不断进行金融创新，新型金融工具和金融产品极大地丰富了经济主体的融资渠道和融资方式，也改变了金融资产结构和交易结构。国际金融形势的这些变化在一定程度上模糊了货币供求的内涵，削弱了货币政策中介指标的可控性，改变了货币政策传导机制和过程，进而加大了一国政府试图通过实施货币政策调节货币总量来实现维护金融稳定、促进宏观经济健康发展的难度。而一旦货币政策出现偏差甚至失效，它不仅不会实现维护金融稳定的目标，反而会加剧金融动荡。

（一）对货币供给的影响

作为货币政策的中介指标，货币供给量在中央银行制定货币政策、动用货币工具、实现最终目标中起着非常重要的作用。金融创新改变了货币供给国内外来源的结构，降低了中央银行对货币供给的控制力。

1. 货币数量可测性下降

在20世纪70年代末以前，经济学家普遍认为只有能够充当交易媒介的流通中的现金和活期存款才是货币供给。这个界定非常清楚且容易操作。但是进入20世纪70年代末，随着金融创新如火如荼地展开，理论界对货币的定义变得越来越困难。

一方面，货币定义的外延不断扩大。从整个货币发展的历程来看，货币的形态大致经历了由低级到高级、从具体到抽象的演化过程，即由实物货币发展为金属货币、代用货币和信用货币。每一次货币形态的改变都使货币定义的外延不断扩大。随着计算机与信息科学技术在金融领域的广泛应用，电子货币以一种数学符号的形式将传统的货币储存于消费者持有的电子设备中，并作为储值或预付工具开始逐步代替现行通货满足人们交易和投机的货币需求。随着电子货币在国际上的普遍使用，各国中央银行也开始纷纷将其纳入货币供给的统计范围，从而进一步扩充了广义货币的含义。

另一方面，金融创新中涌现出一大批货币化的信用工具，加大了准确界定和划分货币层次的难度。如大额可转让定期存单、货币市场互助基金（Money

Market Mutual Fund，MMMF）以及货币市场存款账户（Money Market Deposit Account，MMDA）等，这些本来不属于货币的信用工具能够在很大程度上满足人们对流动性的需求，行使货币的功能，类似于活期存款，理应划入 M1（狭义货币，包括流通中的现金和支票存款），但这些账户的余额的大部分放在投资性储蓄账户中，实际上属于 M2（广义货币，包括 M1 加上储蓄存款）。同样，在金融市场自由化、国际化、证券化的趋势中，还产生了大量既具有高流动性、又有较高收益的新型金融产品。这些金融产品也在一定程度上发挥着货币的功能，是否应将其归入货币范畴、归入哪个层次都是长期困扰经济学家和社会学家的问题。世界各国的中央银行也在不断调整货币供应量的统计口径，以更好地控制货币供应量。

然而，频繁地修改也并未完全解决金融创新所带来的问题。电子账户、网络账户等应归属哪个货币层次至今尚无明确答案。一些新型金融机构和金融业务并没有包含在中央银行监控的范围内，中央银行已很难准确解释货币供应量变化的真实含义，货币供应量与其他经济总量的关系也越来越不稳定。同时，由于大多数金融衍生产品采用的是资本化的定价方式，因此，被纳入货币范畴的新型金融产品比传统货币产品更容易受到市场利率特别是短期市场利率变动的影响，这给货币政策的制定和有效执行带来了相当大的困难。

2. 基础货币供给渠道更加复杂

"货币供给量 = 货币乘数 × 基础货币"这个公式几乎成为所有西方经济学家普遍接受的货币供给模型。该公式显示，中央银行对基础货币和货币乘数的控制力直接关系到货币供给量的可控性，并对货币政策的最终目标产生直接作用。然而，在金融创新环境下，货币供给主体日益复杂，货币乘数的可控性减弱，这些因素都对货币供给产生了冲击。

有关基础货币的问题，西方经济学家的观点相当一致，普遍将其界定为能为中央银行所直接控制的净货币负债，包括商业银行和其他存款机构的存款准备金以及社会公众所持有的通货。然而，随着金融创新的发展，货币定义不断外延，商业银行与非银行金融机构之间的差异也进一步缩小，这使中央银行控制基础货币的渠道发生了变化，也弱化了它对基础货币的直接控制力。

一方面，金融创新扩大了货币供给主体。首先，随着网络经济的发展，当今几乎所有的电子货币都是由商业银行、其他金融机构甚至是大企业发行，这直接导致中央银行在运用货币政策调节基础货币供给量时,不仅要考虑传统商业银行的货币创造能力,还要将大量非银行金融机构的货币发行行为考虑进去。其次,随着以资本市场为中心的新型金融产品的开发,"金融脱媒"现象日益严重。传统商业银行在货币创造中的重要地位被削弱,资金通过各类非银行金融机构和资本市场,绕开商业银行这个媒介体系直接输送给需求方,造成了资金的体外循环。最后,金融自由化和国际化模糊了商业银行和非银行金融机构之间的业务界限,金融业务综合化和金融机构同质化趋势明显,混淆了二者在创造存款货币功能上的本质区别。

另一方面,在金融创新视角下,商业银行减少了向中央银行借款的意愿。金融市场化和国际化极大地拓宽了商业银行的筹资渠道。除向中央银行借款外,商业银行的资金需求基本上能通过市场融资来解决。互联网技术在金融市场的广泛应用,使商业银行可以在极短的时间内完成资金的跨国调拨。而信用违约互换、可转让支付命令账户等新型金融工具的使用不仅在整体上提高了金融机构的资金流动性,也便利了银行逃避金融管制,降低了融资成本。商业银行向中央银行借款意愿的下降直接导致中央银行试图通过商业银行再贴现和再贷款业务来直接控制基础货币的能力下降,进而只能更多地通过在公开市场上买卖证券的方式间接控制。

(二)对货币需求的影响

货币需求是中央银行制定货币政策的起点。对货币需求的准确判断有利于中央银行选择合适的政策工具,以最小的代价、在最合适的时间实现其最终目标。然而,金融创新的发展,尤其是投资性金融工具的产生以及货币电子化的发展,不仅改变了货币数量的可测性和可控性,也改变了人们持有货币的需求结构,降低了货币需求的稳定性,加大了中央银行制定货币政策的难度。一旦判断错误,无疑将导致金融货币传导机制出现偏差,最终导致调节目标难以实现,金融风险加大。

1. 新型金融工具的产生改变了货币需求结构

传统经济学理论认为,随着经济发展、交易规模扩大以及商品货币化程度不断加深,一国对货币需求的数量随之增加。然而,随着金融深化和不断发展,大量新型金融产品如货币市场互助基金、货币市场存款账户、银证通、银保通等被广泛使用，它们不但具有一定的投资功能，还有良好的支付功能和变现能力，在很大程度上能同时满足人们的投资需求和流动性需求。尤其是一些资本证券化工具同时具有的高流动性和高收益性使得货币需求的结构发生了变化：用于交易性需求和预防性需求的货币减少，而用于投资需求的货币增加。另外，金融电子化以及计算机和互联网技术在金融支付清算领域的广泛应用，也在很大程度上降低了人们对于狭义货币的需求数量。

2. 投机性需求的增加降低了货币需求的稳定性

一般而言，商业性货币需求主要受国民收入变化的影响，其货币需求函数在短期内是稳定的。金融性货币需求则主要取决于人们持有货币的机会成本、持有货币给人们带来的效用以及个人心理预期等短期因素，货币需求稳定性较差。金融创新改变了人们的需求结构，在高收益和高杠杆率的作用下，人们用于交易和预防的商业性货币减少，用于投机获利的金融性货币比重上升。同样，对于金融机构而言，金融创新加剧了市场竞争，金融产品同质化问题也日趋严重。为实现利润最大化，金融机构在进行资产组合时，除了考虑市场利率变化的影响外，还要参考不同资产的相对收益率变化情况。这无疑降低了中央银行对市场上货币需求判断的准确性，加大了货币政策制定的难度。

第三节 金融创新视角下金融稳定的金融要素分析

一、金融结构与金融稳定

金融稳定是在现有金融结构上保持的相对稳定状态，而金融结构变迁则是指金融系统为了适应新的国际金融环境和特定的经济金融发展需要而进行的变革，包括金融要素的重新组合、配比和排列，即对原有金融结构进行修改、修正甚至否定以达到一个新的介稳状态。因此，从某种角度上讲，任何一次金融结构变迁都会对金融稳定性产生冲击。

第四章 金融创新对金融稳定性的影响分析

（一）金融机构多样化对金融稳定的影响

所谓金融结构，是指金融总体的各个组成部分的分布、相对规模、相互关系与配合的状态。在所有的金融结构变迁中，金融机构的发展无疑是最容易被观察到的。从最初的商业银行，到证券业、保险业、信托业等各类商业性金融机构的出现，到为了弥补市场失灵而出现的政策性金融机构以及能同时从事各种金融业务的金融超市，不同类型金融机构的出现丰富了金融服务的供应主体，但同时也使金融系统逐步发展成为一个复杂的系统。市场竞争加剧和金融结构复杂化，加大了金融的不确定性，也加大了金融监管当局维持金融稳定性的难度。

从金融机构内部来看，随着金融机构种类日趋多样化和复杂化，金融业务不断被细分和同质化。为了提高竞争力，金融机构纷纷推出新的产品和服务。这些金融创新虽然会在一定程度上提高微观金融主体的盈利能力和金融运转效率，但同时也可能积聚金融风险，引发金融危机。

尤其是在近二十年，随着金融全球化的发展以及金融监管逐步放松，混业经营模式逐步被各类金融机构所接受，银证通、银联保以及信用违约互换等各种具有交叉性质的新业务、新品种不断涌现。虽然混业经营模式可以在很大程度上满足客户需求，但业务交叉也意味着风险的交叉，使金融风险跨市场传播更加容易。

从金融机构外部来看，金融机构多元化也加大了金融监管的难度，尤其是加大了中央银行对货币政策传导效果的判断难度。在金融发展初期，商业银行毫无疑问在货币政策传导、促进经济发展中起到了至关重要的作用。中央银行的货币政策往往是通过商业银行传导到实体经济的各个方面。金融结构变迁中出现的非银行金融机构，特别是大量行使商业银行功能但基本被排除在中央银行监管之外的"影子银行"的出现，以及公开市场业务等间接货币政策工具的大量使用，无疑极大地削弱了传统商业银行在货币政策传导中的地位和作用。而商业银行自身为了在竞争中求生存和发展，也纷纷改变经营策略，增加中间业务和表外业务的比重。金融机构及金融业务多元化在总体上改变了货币政策传导的路径，延长了传导时间，增加了货币政策传导的不确定性。所有这些导致了货币政策的传导过程被延长，影响因素增多，货币政策的有效性被严重削弱，并在一定程度上加剧了金融动荡。

（二）金融市场多元化对金融稳定的影响

金融市场在金融结构变迁中所体现出的多元化趋势对金融稳定的影响主要通过以下几个方面来发挥：

首先，金融机构的复杂化和多元化改变了金融市场的价格形成机制，使市场上各类商品的价格具有均衡稳定的趋势。如前所述，不同类型金融机构的出现丰富了金融服务的供应主体，也使得金融市场的市场容量和金融产品的交易规模急剧扩大。由于大多数金融产品具有公共产品的性质，很容易被模仿和复制，最终导致绝大多数的市场参与者只是价格的接受者，而金融市场价格形成机制会朝着更加充分竞争的方向发展，因此，从长期来看，各类金融产品的价格具有稳定均衡的趋势。但从另一方面来看，金融市场多元化、复杂化也使得影响金融产品价格波动的因素越来越多。

其次，随着金融市场的结构变迁，种类繁多的新服务、新工具、新交易甚至新市场层出不穷，极大地增加了投资者的选择余地。他们可以在同等的风险条件下，选择各自满意的产品组合，即同时实现成本最小化和收益最大化。但值得注意的是，结构复杂的金融衍生工具或金融产品组合在具有高度灵活性的同时，其投机性和财务杠杆性也非常高，即金融市场的发展在为投资者提供了分散和降低风险的工具的同时，也提升和积聚了一定的系统性金融风险。

最后，金融市场的国际化、开放性模糊了国家间市场的界限，加大了金融风险在国际上传递的可能性。信息技术和计算机技术的不断发展，使金融支付体系已经实现了国际化，这使全球各个金融市场更加紧密地联系起来。随着各国政府纷纷放松金融管制，证券的国际发行、认购、交易以及跨国公司国际并购的规模也越来越大。

（三）金融结构变迁的次序与速度对金融稳定的影响

如前所述，金融结构变迁是在既定的金融环境和发展需求下，金融系统从原有的金融稳定状态向新的金融稳定状态转变的过程。因此，金融结构变迁的次序以及速度对于维持金融稳定就显得尤为重要。一般而言，发达国家的金融结构变迁过程相对平缓，并且大多已基本形成了较为完善的金融结构。而在发展中国家，金融深化和发展过程往往是政府推动型，即政府根据需要人为地选择，强制性地实施金融改革。这一金融结构变迁无疑要受到金融管理当局对国内金融经济环境认知能力的限制，并涉及金融改革的次序和变革速度的选择。

而金融结构变迁的速度和复杂程度与相应的金融监管制度建立完善在速度上存在的差异也使金融系统长期在一种不稳定的状态下发展。一方面，金融结构变迁的效果取决于金融监管制度的适应情况，如果相应的金融监管制度滞后于金融结构的变化，金融机构、金融市场的规模往往会处于膨胀状态，造成金融资源的浪费，并会在金融系统内积累大量的风险，加大金融危机爆发的可能性。另一方面，当金融结构的发展偏离实体经济发展的需要时，也会对金融稳定产生影响。尤其是对于发展中国家而言，如果强制性制度变迁或改革与该国实体经济的相关制度不相容、不匹配，也会导致金融不稳定。

二、金融监管体制与金融稳定

通过前面的分析不难发现，一国金融稳定与否与其金融监管体制是否完善有着密切的关系。如果通过金融监管手段能及时发现金融系统存在的潜在风险，并能及时有效地采取措施，就能维持金融稳定。但如果该国的金融监管体制无法适应金融系统发展的需求，甚至是严重滞后，将某些金融活动排除在监管体系之外，则容易爆发金融危机。相反，如果金融监管过于严苛，也会严重抑制金融系统的发展，难以发挥金融的资源配置功能，无法有效促进经济发展。而金融系统的发展离不开金融创新，如果说金融创新是推动金融结构演进和金融深化进程的动力源泉，那么金融监管则是确保金融健康稳定运行的必要手段，两者之间存在辩证的关系。

金融创新与金融监管是一个动态博弈的过程。许多金融创新特别是金融产品的创新是为了规避金融监管，而新产品、新市场以及新的国际金融环境在推动金融发展、提高金融效率的同时，也打破了原有的金融秩序和格局。这要求有新的金融监管制度与之相匹配，以实现维护金融稳定的目标。如此往复，金融创新与金融监管之间形成了一个监管——创新——再监管——再创新的过程。

同时，从风险管理角度讲，金融创新和金融监管都是风险管理的手段之一，即两者之间也是一种互补的关系。众所周知，金融监管是风险管理的重要手段，是金融监管当局从外部对金融市场以及金融机构等实施的管理措施。而随着金融创新的发展，尤其是随着信用衍生工具的出现和不断丰富，风险配置市场逐步形成，金融系统自身也具有了风险配置的功能。投资者不仅可以利用金融市场实现资源配置的目的，还可以利用市场化的手段配置风险，客观上提高风险管理水平，使市场自身的约束成为风险监管最有力的补充。综上，金融创新和金融监管是风险管理的两个方面，规范的监管是创新的制度保障，富有生机的创新是提高金融运行效率、节约监管资源的重要途径。只有当两者的发展协调一致时，才能保证金融系统高效而稳定地运行。

第四节 金融创新视角下金融稳定性评估指标体系的构建

一、金融稳定性评估体系构建的指导思想和基本原则

（一）构建评估指标体系的指导思想

金融稳定性评估指标体系构建的初衷是找出能够对金融危机的发生提前发出预警信号的经济、金融指标，以期在出现金融风险时，相关部门可以提前采取措施进行调整，降低风险调控的机会成本。一个有效的金融稳定性评估指标体系不仅能够充分体现一国金融经济运行的整体特点，及时反映当下金融系统所面临的国内外宏观经济和金融变化，预警金融风险，同时还能与国际上通用的金融稳定性评估指标体系相协调，使其在内容上具有一定的可比性。

综上，站在金融创新视角下，借鉴 IMF 采用的金融稳定性评估体系，学习金融稳定性评估项目（FSAP）以及各国稳定报告的框架和内容，结合金融稳定性理论和前几章的研究成果，根据中国国情，建立一个具有综合性、层次性的中国金融稳定性评估指标体系。这一体系必须包含反映金融创新发展的指标、综合宏观审慎指标以及反映微观金融主体运行情况的指标。

首先，以金融创新为背景。金融创新不仅直接对金融稳定造成了冲击，还通过影响宏观经济运行、改变金融要素的组合间接影响金融稳定。因此，金融创新视角下的金融稳定性评估指标体系必须能观测金融创新的变化，以及这些变化对

第四章 金融创新对金融稳定性的影响分析

金融系统、宏观经济、金融环境的影响。

其次,以宏观审慎分析为框架。宏观审慎分析是 IMF 金融稳定性评估项目(FSAP)的基础,是一个动态发展的框架。它从金融风险产生的根源、金融中介体系对一国经济的影响机制和程度以及一国的宏观经济状况这几个方面对整个金融体系面临的金融风险进行综合评估,是各国政府在确定本国金融稳定性评估指标体系时的重要参考依据。

最后,综合考虑微观金融主体对金融稳定的影响。以宏观审慎分析为框架并不意味着忽略微观金融主体。事实上,在金融创新视角下,那些"大而不倒"的微观金融主体的经营行为更容易引发金融动荡,亦需要加以关注。为了使其能够反映银行、证券、保险等金融机构以及其他部门的行业特征和整体情况,这类指标将采用汇总后的分行业指标。

(二)构建评估指标体系的基本原则

1. 全面性与代表性相结合的原则

金融稳定是金融系统运行的综合表现和结果。由第二章的相关理论分析可知,金融创新视角下的金融稳定反映的是一种金融系统运行的状态,在这种状态下,金融与经济维持一种良好的相互促进关系,对内具有自我纠错功能,在面临内外部冲击时,能保持总体平稳运行的状态。它具有整体性、介稳性、动态性、效率性和非线性的特点。因此,要客观地反映金融总体运行情况,就要求指标的选取及运用能充分体现金融系统运行的完整性和动态性,建立的指标体系具有足够的覆盖面。指标体系不仅关注各类微观金融主体,还应该关注一国货币、财政政策、经济环境等宏观经济因素;不仅关注传统宏观经济变量指标,还应关注金融创新的变化;不仅关注传统的信贷市场,还关注资本市场、金融衍生品市场等新兴市场;不仅关注国内金融环境,还应该分析国际金融、经济环境因素对一国金融稳定性的影响。

然而,引发金融动荡的因素多种多样,不可能把所有的影响因素都涵盖在内,过多的分析因素不仅不会提高金融稳定性评估的准确性,反而会增加金融监管机构的监管成本。考虑到金融创新视角下金融稳定的特殊性,金融稳定性评估指标体系中所选的指标还必须具有代表性,相关指标必须将所有影响金融稳定的主导因素考虑在内,同时还能客观、全面地反映金融创新对金融稳定产生的直接、间接影响。

2. 科学性与准确性相结合的原则

一个有效的金融稳定性评估指标体系所采用的指标必须能够准确反映稳定程度，且必须是在影响金融稳定中起到关键作用的指标，其选择必须是科学合理的。同时，还要注意避免因统计标准不统一、数据不连续或是不容易采集而导致评估质量下降。因此，在进行指标设计时，必须以现代计量经济学理论和金融稳定理论为基础，充分利用统计部门已有的数据体系，用统计信息标准化的手段，从源头解决和促进各类金融信息的协调，提高数据质量，确保评价结果真实有效。

3. 可比性与特殊性相结合的原则

IMF 和巴塞尔银行监管委员会自成立以来，一直致力于加强和改善金融风险管理和评估，出台了一系列金融监管原则和指引。尤其是自 20 世纪 90 年代亚洲金融危机爆发以来，IMF 先后发起了金融部门评估项目（FSAP），建立了金融稳定性评估指标体系（FSI），并提出了"宏观审慎管理"的概念。FSI 指标体系的推广和实施有助于人们提前发现金融系统的潜在风险，降低金融危机爆发的概率。因此，在构建金融稳定性评估指标体系时，参考 FSI 评价体系的框架，借鉴其他市场成熟的国家在金融稳定检测方面的经验教训，与国际规范接轨。使用统一的指标体系，有利于提高金融市场的透明度，便于国际比较和交流，也有利于降低由于信息不透明而导致的金融危机在国际上的传导。同时，鉴于金融创新视角下每个国家所处的宏观经济环境以及金融发展阶段不同，在构建金融稳定性评估指标体系时，还必须考虑其特殊性，要根据经济和金融发展变化动态地作出相应调整，及时调整和丰富现有指标，使整个指标体系更加科学和有效。

二、金融稳定性评估指标体系构建

根据 IMF 提出的"宏观审慎管理"的概念，考虑到金融创新视角下金融稳定的特殊性，可将金融稳定性评估指标分为三大类：第一类是宏观经济金融环境指标，一般通过对一国国内宏观经济金融状况的分析来监控金融风险，重点关注金融创新发展给宏观经济、金融环境带来的变化，以及对金融稳定产生的冲击；第二类是金融系统内部稳定性指标，主要衡量金融系统内各子系统如银行子系统、资本市场子系统以及各非银行类金融机构的运行状况；第三类是国际金融市场环境变动因素，重点考察在全球金融一体化的背景下，国际金融环境的变化如何通

第四章　金融创新对金融稳定性的影响分析

过国际资本流动等跨国传导对一国金融稳定产生冲击。

(一) 宏观经济金融环境指标

金融创新视角下，金融稳定的宏观经济运行因素分析结果表明，金融系统的顺周期性是金融危机形成的重要因素之一。金融创新不仅直接改变了一国的货币金融市场，而且金融的全球化、虚拟化也会对一国经济结构产生影响，在促进全球经济一体化的同时，放大了国际资本的投机性、趋利性和流动性，加剧了金融危机在国际上的传导效应。因此，将宏观经济金融指标作为评估金融风险、市场波动的先兆性指标具有较强的预警作用。总体来讲，宏观经济金融环境指标包括以下几个方面：

1. 宏观经济运行情况指标

反映一国宏观经济运行情况的指标众多，其对金融稳定的影响程度也与一国经济结构和市场的发达程度相关。宏观经济运行情况指标包括了反映一国经济总体增长情况的国内生产总值、GDP 年增长率；反映社会总体投资规模的固定资产投资增长率；反映物价总水平变化趋势的消费品物价指数（Consumer Price Index，CPI）；反映一国经济景气程度的企业景气指数；反映微观主体发展情况的居民家庭人均可支配收入和企业盈利水平。

2. 货币金融市场环境指标

一国的金融稳定在很大程度上受到该国货币政策有效性的冲击，一旦中央银行对货币政策控制不当，就可能通过货币供给、利率等传导因素影响金融机构，并最终可能导致金融危机。而金融创新不仅在很大程度上改变了货币政策的传导机制，降低了货币数量的可测性，加大了金融系统的潜在风险，而且金融创新、金融市场以及金融制度的不断发展和变化直接改变了金融结构原有的介稳状态，对金融稳定造成了冲击。因此，对一国货币金融市场环境进行监测是金融稳定性评估中的重要一环。其所涉及的指标包括两大类：

一类是反映一国货币政策以及相关市场货币供求变化的指标，包括可以直接反映一国货币政策及货币总量的广义货币供应量（M2），广义货币供应量与 GDP 的比值，可以较好地反映一国的货币供应量是否超过了该国经济发展的需要，即评估宏观经济中是否存在流动性过剩或流动性不足的情况；外汇储备占 GDP 的比重，反映了国际资本对一国货币供给量产生的压力，如果外汇储备增长过快，会加大政府投放本币以稳定汇率的压力，从而进一步影响该国的货币供给量。

另一类是反映金融创新发展的指标。重点考察金融创新给货币金融市场造成的直接冲击，包括：

（1）金融深化指标

金融深化是政府通过放弃对金融市场和金融系统的过度干预，放松对利率和汇率的管制，让其成为能真正反映资金和外汇供求变化的信号，达到有效配置资源、控制通胀以及与实体经济之间形成相互促进的良性循环关系的目的。因此，大致可以用两类指标来衡量金融深化以反映金融创新对金融稳定的影响：一是反映金融资产价格水平的实际利率以及利率期限结构；二是反映金融发展状况的指标，包括金融资产总量与国民收入之比、中央财政投资占总投资额的比例、居民资产中银行储蓄所占的比重。可分别从金融对宏观经济发展的作用、投资结构以及储蓄结构等方面来分析金融深化程度。一般来说，前一个指标的比值上升和后两个指标的比值变小代表着金融深化程度的提高。

（2）金融结构指标

这里着重考察金融市场结构创新对金融稳定的影响，包括反映中央银行在整个经济中重要性的中央银行总资产占GDP的比重；反映中央银行对金融部门的计划控制程度（金融集中度）的中央银行总资产与金融总资产的比值，该比值越低说明金融创新的程度越高，中央银行对金融机构的控制能力越弱。此外，还可以通过测度金融总资产中银行贷款、股票市值、债券余额、保费额等的比重反映各金融市场的发展状况；通过分析直接融资规模与间接融资规模的比例可分析货币市场与资本市场的成熟度。

（3）金融规模指标

随着金融创新的发展，金融总体规模不断扩大，金融与经济之间的关联也越来越紧密，从而进一步加大了外部经济金融环境对金融稳定性的影响力。这里主要用金融资产总量与交易性金融资产的比值（金融创新度）来衡量。该指标主要反映金融的虚拟化程度，比值越高，说明金融的创新程度越高。

3.房地产市场稳定指标

房地产市场与金融市场一样具有高风险、高收益的特点。当一国货币市场实际利率降低时，投资者就会将资金转移到资本市场或房地产市场中。房地产价格的变动可在一定程度上反映经济的顺周期性。当经济快速发展时，房地产价格上升，会使企业的资产价值上升，便于企业在信贷市场上获取资金并投资于资本市场。相反，当经济衰退，房地产价格就会出现下降趋势。一方面，投资者会将资金转投资本市场，造成资本市场的价格泡沫。另一方面，作为一种重要的抵押品，房地产价格下降也会加大银行系统面临的信用风险，从而加大金融系统的潜在风险。因此，房地产市场稳定与否对金融系统的稳定十分重要，也是一个很好的预警指标。这里选用房地产价格指数作为评价指标。

（二）金融系统内部稳定性指标

金融创新推动了金融结构的变迁，金融机构、金融市场的多元化、复杂化加剧了市场竞争，使金融风险的传播有了更加通畅的渠道，加大了金融监管的难度。在这种背景下，及时发现金融系统内部的不稳定性，提高金融机构、金融市场自身纠错能力十分重要。

1. 银行业子系统稳定指标

银行业是金融系统中最传统也是最重要的子系统之一。衡量银行业稳定性的指标主要根据巴塞尔银行监管委员会（BCBS）出台的《巴塞尔协议Ⅲ》等一系列国际银行业监管标准和准则，借鉴骆驼评价体系进行选取，重点评估银行子系统的经营状况以及面临的信用风险和流动性风险等。指标包括：不良贷款率、资本充足率、资产收益率、杠杆率、流动性资产比率以及反映金融网络稳定性的银行机构月度支付数据。

2. 资本市场子系统稳定指标

随着资本市场规模扩大以及新业务、新产品的不断涌现，证券机构面临的经营环境日益复杂，很多潜在风险因素值得关注。参考国内外相关指标体系，从以下几个方面对资本市场的稳定性进行评估：反映股票价格水平的股票指数波动率；反映股票市场规模的股票流通市值与 GDP 的比值；反映投资者收益变动的月收益率增长率；反映市场流动性的成交量增长率；反映企业经营状况和资本市场泡沫的市盈率水平。

3. 保险业子系统稳定指标

虽然保险业是金融系统中最重要的三大行业之一，但长期以来，由于其市场规模远远小于银行业和证券业，在各国政府的金融稳定性评估中往往不被重视。然而随着次贷危机的爆发，人们发现金融创新尤其是信用违约互换工具的产生，加大了保险业的风险，因此将保险业的运行状况纳入金融稳定性评估指标体系中十分必要。与其他两个行业一样，对保险业运行状况的评估也主要从盈利能力、偿债能力等方面进行。具体来说，主要包括：保险资金运用平均收益率、保险公司偿债能力以及市场集中度指标。

4. 其他非银行类金融机构稳定性指标

随着金融业的发展，出现了越来越多的非银行类金融机构，这些机构的运行状况也在一定程度上对金融稳定产生了影响，尤其是投资银行在次贷危机中扮演的角色以及它"大而不能倒"的性质，更需要金融监管当局加以关注。因此，这里非银行类金融机构稳定性指标特指投资银行稳定性指标。

（三）国际金融市场环境指标

在开放视角下，全球经济金融一体化放大了金融危机的传染效应，国际金融环境的演变不仅会改变一国乃至全球的金融结构，也会对一国的经济和金融稳定产生冲击，甚至引发金融危机。一国对外依存度越高，其金融系可能面临的外部冲击越大。因此有必要将债务率和负债率纳入国际金融市场环境考核指标的范围之内。而资本（特别是热钱）大规模的异常流入和流出、世界上主要股指的走势以及大宗商品价格的走势等指标，一方面能较好地反映国际经济、金融的运行状况，另一方面也反映了国际金融环境变化对一国金融稳定性产生的重要影响。

第五章　金融风险管理的框架

第一节　金融风险的内涵及其产生原因

一、金融风险的内涵

虽然国内外专家学者和金融监管机构对金融风险内涵的理解不尽相同，但比较主流的看法是将金融风险理解为因各种不确定性因素给金融体系、金融机构或金融活动造成潜在损失的可能性。

（一）风险与不确定性

风险定义为一种危险，引发坏情况、损失或者毁坏的可能性。风险是"客观"概率，是可度量的不确定性，即"对风险而言，一组事件的结果的分布是可知的（要么通过先验计算获得，要么由对过去的统计获得）"。而不确定性是"主观"概率，是不可度量的不确定性。

（二）金融资产的风险与收益

金融风险的出现，无疑将给金融活动，特别是金融机构和金融体系的稳健运行带来诸多扰动，无论是金融市场的直接参与者还是政府部门与监管机构，都高度重视金融活动所引发的不确定性因素可能给金融市场带来的冲击。结合金融市场活动实际、金融政策制定和金融监管的实际需要，贴近经济运行规律，我们将金融风险定义为，能够给金融机构或金融市场造成财务、技术、信誉、功能等冲击，导致金融机构遭受财务损失或重大损失，影响金融机构或市场正常运行、功能发挥的可能性。其中既有单一机构面临的风险，也包括行业或市场整体面临的风险。

二、金融风险的特征

（一）金融风险具有客观性

金融市场天然是一个动态变化的系统，任何参与者行为或外部政治经济等因素的变化，都会给金融市场带来扰动。市场内所有的业务类型和业务环节都在内外部因素的驱动下不断发展变化，金融风险总是客观存在的，它无时无刻不渗透在市场的每个角落。

（二）金融风险具有潜在性

由于金融风险只是金融市场参与者或金融体系遭受冲击或损失的"可能性"，是或有事件，它的发展变化更是受到各种不确定性因素的影响，其爆发时间、地点、形式和程度难以预测，在市场均衡条件下，系统性风险与其期望回报之间存在稳定的风险溢价。而且，对一项资产而言，除了系统性风险，其他风险都是可以分散掉的，因此其风险溢价只与剩余的、与市场整体经济活动相关的风险有关。因此，如果要确定一项资产的风险溢价，那么首先需要确定该资产的风险中包含了多少系统性风险，然后将其乘以系统性风险的风险溢价，并由此延展出资本资产定价模型（CAPM）。而具体到资本资产定价，夏普指出，在市场均衡条件下，资产的价格应由两部分组成，即在无风险利率（时间价值）的基础上，每增加一个单位风险，需要额外增加固定单位的期望回报（风险溢价）。

（三）金融风险具有隐蔽性

金融体系的复杂结构，市场参与者不太透明的金融活动，特别是金融机构所具有的一定信用创造能力使其能够通过创造新的信用来掩盖潜在的损失和问题，这些都导致了金融风险的存在难以被人们发现，导致了人们总是后知后觉，在金融风险事件爆发后才恍然大悟。

（四）金融风险具有破坏性

金融风险是潜在冲击和负面影响，它的爆发必然给相关主体乃至体制机制带来损失和破坏。特别是金融风险的隐蔽性为其不断积聚提供了空间，导致金融风险往往一旦爆发便是一次猛烈的冲击，给金融市场和实体经济造成巨大损失。

（五）金融风险具有交叉传染性

金融行业的发展成熟离不开各类金融主体的密切联系和配合。他们通过各类业务和交易织就了一张高效的多边网络，形成了复杂的债权债务关系，任何一家金融机构遭受冲击，都会通过这张网络迅速传导至其他机构。一旦形成连锁反应，这种交叉反馈就会酿成显著的系统性风险，引发波及整个金融体系的剧烈震荡。

（六）金融风险具有差异性

虽然金融风险在金融市场内普遍存在，但具体到不同的市场、不同的机构以及不同的业务环节，风险来源和风险形成过程均有所不同。在不同的时间点或对不同的参与主体而言，同一个业务环节的风险来源也可能是不同的。因此，不同的金融风险类型往往呈现出不同的特性、不同的原因和不同的影响力。

（七）金融风险具有阶段性

金融风险在不同的市场发展与经济运行阶段有着不同的表现。新兴市场与发达市场的金融风险特征不同。而当经济复苏、金融市场逐步活跃时，金融风险通常会随着金融活动的增多，特别是投机行为的增多而大量产生，但是在金融风险爆发、监管当局收紧监管政策并进行风险处置后，金融风险会随着金融活动的抑制，开始维持在一个较低水平。

（八）金融风险具有一定的可控性

金融风险的产生和积累具有一定规律，它在一定程度上是可以被预见、防范和控制的。当然这取决于金融市场参与者和监管部门的主观能动性与客观条件，一旦具备了较高的风险防范意识，健全和完善了对风险的识别、监测、防控和处置机制并可以及时有效实施，风险就可以在很大程度上被消除、弱化或控制在较小范围内。

此外，近年来金融市场的快速创新发展和全球宏观经济环境的变化，也使得金融风险的一些特征表现得更加突出。一是信息技术的使用，提升了金融市场的信息传递效率，使得金融机构间联系得更加紧密，这不可避免会放大金融风险的交叉传染性。二是金融科技的广泛应用，在创新金融产品、提升金融产品业务功能的同时，也增加了金融行业的复杂性，加深了金融风险的隐蔽性。三是金融风险交叉传染性和隐蔽性的提高，必然导致金融风险更易积聚和迅速扩散传播。在全球货币环境长期宽松，主要发达经济体已经将基准利率维持在接近0的水平，未来降息空间有限，宏观经济稳定性已经相对脆弱的背景下，市场环境一旦发生变化，各类风险就很容易瞬间引爆、共振，这增强了金融风险的破坏性，弱化了风险的可控性。四是相对于金融科技的快速发展，金融机构的风险管理意识和理念以及相应的风险防控技术与管理模式发展相对滞后，导致风险的可控性下降。

三、金融风险产生的原因

金融风险的产生涉及多方面因素，既有金融市场体系不稳定和金融创新日益加快等市场自身原因，也有金融市场外部环境变化等外源性因素，还有金融市场参与者、金融机构关键人员和监管部门分别在认知层面、操作层面以及监管层面的主体性问题，以及金融市场运行对信息技术系统过度依赖等客体性问题。

（一）金融市场自身的不稳定性

金融的本质是资金的融通。回顾过往，金融市场的融资结构总是跟随经济的周期性变化，经历扩张、收缩、复苏、再扩张的循环。在经济复苏时，资产价格回升和投资者情绪的逐渐亢奋，将刺激市场融资规模（特别是投机性融资和庞氏融资规模）出现扩张。而在经济衰退时，资产价格下跌和投资者情绪低落，又将推动市场融资规模（特别是投机性融资和庞氏融资规模）出现收缩。因此，金融市场的融资规模及结构对经济波动呈现出明显的顺周期效应，内生性地决定了金融市场的不稳定性。

银行信贷内生性的"债务质量"（对冲性融资、投机性融资和庞氏融资在信贷规模中的占比结构）的周期性变化决定了银行信贷体系必然是不稳定的，而且三类融资随着资本资产收益率和融资成本利息率的相对变化而相互转化，这将进一步加剧金融体系内生性的不稳定。

（二）日益加快的市场创新

金融创新是金融市场发展的基本动力，它可以有效增加金融供给，提升市场活力。特别是20世纪70年代以来，随着金融技术革新和金融自由化，金融创新的步伐日益加快，现代信息技术和大量统计模型、智能算法被广泛应用在金融产品设计和金融系统运行中，不仅提升了金融机构的服务能力，也为各类市场参与者和实体企业提供了创新型的风险转移工具。但是，每次业态变革都不可避免地给传统的金融系统运行模式带来冲击，每个创新产品也都不可避免地给金融市场带来新的风险。

一是新型金融工具大多基于相似的统计模型和智能算法，模糊了银行、证券等金融工具之间原有的分业特征，强化了金融机构间的相关性，导致一些原本在单个金融工具或金融机构中出现的风险，更容易在多个工具或机构中共生共振，这更容易引发系统性风险。

二是新型金融工具所使用的模型、算法非常复杂，而且很多都没有经过一个完整经济周期的检验，加之模型的精密程度相较于真实世界本身就有很大的局限性，因此存在巨大的模型失败风险。市场一旦出现价格巨幅波动、流动性紧张等异常情况，自动化的模型算法就很有可能导致市场流动性瞬间枯竭，引发重大风险事件。

三是相较于传统金融机构，金融科技公司的风险管理及控制能力较低，金融科技公司对金融体系运行和业务本质的认识也不够深入。为了抢占更多市场份额，大量金融科技公司短期迅速涌入金融行业，很容易引发恶性竞争，出现减少必要的业务流程、降低基本的审核标准、进行低价倾销等问题，会导致新型金融工具可能出现更多期限错配、定价错误等问题，特别是在国际国内对新型金融工具的监管实践经验仍不够充分的背景下，更容易产生较大的流动性风险和经营风险。这不仅会扰乱金融市场正常秩序，影响金融机构和金融市场稳健运行和健康发展，也容易引发大量违规违法问题。

四是伴随金融创新，融资租赁、商业保理等准金融活动开始活跃，导致游离在金融监管之外的融资规模出现快速增长，给金融体系的整体稳定带来潜在威胁。而且准金融机构数量众多，特别是其所服务的客户群体，相较于传统金融机构出现了广泛的扩展，因此进一步强化了金融体系的"长尾风险"，增加了金融体系的脆弱性。

（三）市场外部的冲击

金融是现代经济的血脉，它与经济共生共荣。金融市场风险不仅受制于金融体系内生的不稳定性和金融机构自身的风险，还受到境内境外政治、经济环境的广泛影响。这既包括公共危机和地缘政治摩擦等对实体经济运行造成严重冲击所导致的风险，也包括境外经济体风险外溢给境内金融市场带来的输入性风险，以及准金融活动向金融市场的风险传染等。

1. 公共危机

地震、飓风、洪水、火灾、火山喷发等灾害和气候环境的恶化等公共事件，给全球或相关地区的经济发展乃至人民生命安全带来了严重威胁，导致相关金融资产价格大幅变动，相关地区金融市场活动大幅减弱，引发财务危机和信用危机，严重冲击相关金融体系的安全稳定。

2. 社会动荡与地缘政治冲突

社会稳定、政局稳定是经济社会健康发展、金融市场平稳运行的基础。无论是群众游行、政局动荡、社会动乱，还是武装冲突，都给相关国家和地区的社会和经济稳定带来直接威胁，严重影响了当地经济发展，引发了生产停顿、物价飞涨、资本外逃、失业增加等一系列社会经济问题，严重破坏了当地金融市场的稳定，甚至导致当地金融体系近乎崩溃。

3. 跨境风险外溢

一些国家的货币政策和财政政策调整形成的风险外溢效应，有可能对我国金融安全形成外部冲击。特别是发达国家，由于国内矛盾积弊难除、经济发展持续疲软，一方面开始实施大规模的量化宽松政策，导致全球流动性泛滥，另一方面开始奉行贸易保护主义政策，削弱多边贸易体系。这些都会通过利率、汇率以及贸易和供应链渠道，向全球其他国家和地区外溢，给相关国家和地区的经济发展和金融市场稳定带来输入性风险。

4. 准金融活动风险传染

由于传统金融往往无法完全满足实体企业和投资者多元化和多层次的融资需求，因此在金融体系之外通常还存在大量的准金融活动，如影子银行、非法集资、民间融资等。这些准金融活动由于缺乏严格的监督管理，在经营运作中存在大量风险，并通过各种途径或渠道向金融体系传染、渗透（如银行的信贷客户如果在民间融资中遭受巨大损失，就很可能出现财务困难甚至破产，这将导致其无法偿还银行贷款，将信用风险传染给银行）。特别是近年来部分互联网金融公司披着"金融科技"的外衣，开展了大量高风险、投机性较强的融资活动，地方政府、金融监管部门如果对这些风险防范处置不当，造成大量风险相互叠加交织，就很容易引发区域性乃至系统性风险，给相关实体企业的经营发展和金融市场的稳健运行带来较大冲击。

（四）对信息技术系统的高度依赖，增加了整个金融市场的脆弱性

金融行业是一个高度IT化的行业，自20世纪70年代以来，它的发展就主要依靠信息科技来推动。无论是证券交易所、期货交易所、登记结算机构等金融市场基础设施，还是金融机构与客户、金融机构与基础设施之间的联系，都高度依赖于信息技术系统。信息技术系统的使用，不仅支撑了金融支付、交易、登记、清算与结算等各主要环节，还通过大数据分析技术、人工智能算法等，为金融定价、工具开发和交易模式等重要领域的创新发展提供了关键支持。但是金融行业对信息技术系统的高度依赖，本身也构成了增加金融市场脆弱性的重要因素，可能从五个方面引发金融风险。

1. 核心设备、系统做不到自主可控

金融机构的信息技术系统通常由核心操作系统、数据库软件、大型服务器、存储设备等一系列软硬产品组成。其中大量的核心技术和产品可能由第三方供应商提供，这些产品和服务的供应商一旦停止供应，就会导致相关金融机构的信息技术系统被迫下线，各类经由信息技术系统实现的业务活动暂停，给其经营运行带来巨大冲击，并引发一系列连锁反应。特别是登记结算机构以及交易所等金融市场基础设施，一旦出现信息技术系统中止运行的重大事故，就会导致相关市场停摆，引发严重系统性风险，甚至对国家金融安全造成严重冲击。

2. 系统运行缺少安全保证

信息技术系统的运行，首先要求系统自身要符合金融相关行业技术系统的认证标准，定期进行测试、更新，杜绝"带病上线""带病运行"。其次，要依赖一个安全、稳定的外部环境，特别是网络环境，外部网络一旦出现不稳定甚至中断，或者遭受恶意网络攻击、无法正常运行的情况，就会直接影响相关机构与外部的正常业务联系，可能造成交易无法达成、货银无法兑付等实际问题，根据程度不同，可能给交易双方造成一定损失，甚至引发系统性风险。再次，要对不可控力等突发状况做好应对预案。例如，相关金融机构所在地区突发地震，导致网络中断、设备损毁，将造成金融活动的中断和业务信息的丢失，给相关金融机构带来重大损失，因此要求金融机构做好异地灾备等各类应急准备。

3. 关键技术应用尚未成熟可靠

随着金融科技的快速发展，大数据分析、生物识别、区块链、程序化交易等大量新技术被广泛应用到金融服务实践中。但是，一方面，个别金融机构盲目追求业务的快速创新，导致部分技术应用未经过完善的测试便投入使用，其可靠程度远未得到充分证明。新应用潜在的技术缺陷不仅会给相关金融活动的持续稳定开展带来风险，还可能威胁到金融机构信息技术系统的整体运行安全，成为金融市场信息技术系统新的风险来源。另一方面，这些新技术的应用在金融市场仍是新兴事物，无论金融机构内部还是监管部门，都缺少对该技术的应用和管理经验，导致它存在被错用、滥用的风险，它一旦脱离可控范围，就很容易给市场投资者和金融机构自身带来一定风险。

4. 人为操作不够专业规范

系统的日常运行维护离不开技术人员的参与。由于信息技术系统越来越复杂，对相关人员的专业性要求也在不断提高，并且他们的具体操作必须符合严格、规范的程序。如果操作人员的资质未经严格审核，上机操作未经批准，技术模块的上线、代码的修改等未经充分研究和核准，或者相关操作也未留痕备查等，就会导致技术人员对信息技术系统的操作管理出现极大混乱，可能出现操作错误或者违规违法操作等问题，给金融机构的经营运行带来极大的操作风险。如果出现系统宕机、参数错误、大额交易违约等问题，就有可能放大系统性风险。

5. 信息安全缺乏安全保障

金融机构信息技术系统的核心是海量的业务数据，相关数据的丢失和外泄同样会给金融机构乃至金融市场带来重大风险。一是金融机构内部可能由于上文提到的不可抗力、系统故障、人为操作错误以及内部员工的道德问题等因素，出现数据丢失、数据外泄等问题。二是互联网时代频繁的外部网络攻击，使得金融机构的核心数据随时面临被黑客或病毒盗取、篡改和删除的可能。这些都会给金融机构带来核心业务数据错误、缺失或者客户信息外泄等风险，可能导致金融机构的业务活动被迫中止、中断，声誉受到影响。

第二节　金融风险管理的结构系统

一、金融风险管理的组织结构

(一) 风险管理的组织结构模式

1. 职能型组织结构模式

职能型组织结构模式是指整个金融机构的经营管理按职能部门划分，风险管理部门与其他职能部门平行，负责整个金融机构的风险控制。此种模式适用于资本规模较小的银行。

职能型组织结构模式具有如下优点：①能够促进金融机构组织实现职能目标。②确保部门内规模经济的实现。③促进组织深层次的技能提高。

2. 事业部型组织结构模式

事业部型组织结构模式是指整个金融机构按业务种类划分为不同的事业部，便于对相关业务进行专业化经营，形成相应的利润中心。此种模式适用于资产规模较大、经营业务种类较多的银行。

事业部型组织结构模式具有如下优点：①整个组织能够快速适应外界环境的变化，能够实现跨职能部门的高度协调，各事业分部容易适应并应对不同的产品、地区和顾客。②有利于决策的分权化。③风险部门设在各个事业部内部，有利于各个事业部有针对性地对本部门所面临的风险及时监督和控制。

3. 矩阵型组织结构模式

矩阵型组织结构模式分为两种。第一，整个金融机构按照业务种类纵向划分为以业务为主的利润中心，便于各部门根据各自业务特点进行专业化经营；按职能部门的分类横向划分，通过金融机构的职能部门对各业务部内部的相关职能部门进行横向控制和管理，有利于金融机构对总体经营风险的控制。此种模式适用于资产规模较大，从事业务种类繁多的金融机构。第二，以地区为标准设置纵向的利润中心，以职能标志对各部门的相应职能进行横向控制。此种模式适用于允许跨地区设置分行的商业银行。

矩阵型组织结构模式——以区域为中心。矩阵型组织结构模式具有如下优点：①风险管理部门设在事业部内部，接受事业部的领导，一方面有助于对各事业部具体业务经营风险的控制和化解，另一方面有助于各事业部在经营中实现利润追求与风险控制之间的平衡。②各事业部内部的风险部门要接受总部风险管理部门的领导，既有利于得到总部在风险控制上的技术和信息支持，也有利于总部对整体经营风险的把握和控制，保证整个银行经营的稳健性。

（二）金融机构风险管理的组织设计体系

1. 董事会

董事会是流动性风险管理的最高决策机构，对包括风险管理在内的经营目标、战略进行管理，并对管理的结果负有最终的责任。董事会的主要责任有：全面认识银行面临的风险，确定银行的风险偏好以及各部门风险管理的目标和方向；确定银行能承受的流动性风险水平，制定风险管理战略和政策；建立流动性风险所必需的文化、制度和方法体系等。为了确定风险管理政策及时反映内外环境的变化，董事会要定期组织专家对风险管理政策进行审查。

2. 风险管理执行委员会

银行董事会风险管理的责任可具体由下设的一个执行委员会来负责。在董事会中，通常由 3~5 名董事组成"风险管理执行委员会"，承担董事会的日常风险管理职能。董事会将流动性风险管理的日常决策权授予该执行委员会，执行委员会定期向董事会报告。执行委员会的职责主要在于：拟定风险管理战略，并在机构范围内贯彻和执行董事会批准的风险管理战略，确保金融机构有完善的内部控制、规范的业务程序和适当的经营政策，确保各种业务都受到有效的控制，并定期对内控情况和风险管理基础设施状况进行评估；批准各风险管理下属机构和范围内贯彻和执行董事会批准的风险管理战略，清楚反映金融机构所面临的风险，包括长期计划和投资中的所有风险及风险类型、交易对手有关情况，批准承受金融风险大小，并为承担风险损失提供所需的风险资本；定期评价金融机构总体风险管理的有效性及风险管理的基础设施状况，并向董事会报告风险管理方面的问题。由此可见，风险管理委员会成立的目的是更好地落实董事会的日常风险管理工作，有效防止董事长或投资决策人员与执行部门串通而进行大量的冒险行为。

3. 风险管理组

风险管理组是指风险管理委员会下设的、独立于日常交易的风险管理战略部门。它通常设有战略组和监控组。战略组的职责主要是制定公司的风险管理政策和风险管理战略，并确保这些政策和战略得以实施。它既要制定公司的风险管理政策、风险管理制度、风险度量模型和标准等，及时修订有关办法或调整风险管理策略，又要指导业务人员的日常风险管理工作。监控组的职能是贯彻风险管理战略，具体包括以下几个方面。第一，根据战略组制定的风险管理模型，进行风险衡量和评估，持续监测风险的动态变化，并及时、全面地向战略组汇报公司的风险状况，以尽快减少或消除风险。第二，监督业务部门进行风险控制的操作流程，以便使得各个部门严格按照风险管理程序进行，并控制风险限额的使用情况，确保各项交易金额被控制在授权的范围内。第三，审核并评价业务部门的风险管理办法和报告，评估各业务部门的风险管理业绩。

风险管理组作为负责风险管理的高层管理机构，负责拟定银行的流动性风险管理政策，并确定风险管理战略的有效实施。其主要职能有：拟定详细的流动性风险管理政策；颁布各种流动性风险管理的标准和程序；设定并分配限额来管理和限制业务部门的最高流动性风险度。流动性风险管理组处于风险管理功能系统的核心地位，包括一定数量的执行委员会成员。为确保其不受具体业务的短期压力，风险管理组还应当独立于日常业务和交易管理。

4. 风险管理职能部门

风险管理职能部门是风险管理组的直接支持者。它在业务上独立并具有明确的责任，直接向风险管理组报告，贯彻已经批准的操作风险管理策略。流动性风险管理职能部门的主要职责包括：对各项业务进行风险测量、监控和评估，确定风险的危害程度；定期向风险管理组提供必要的风险管理信息，报告风险承受能力；监督各业务部门风险管理策略的具体实施情况；根据各个部门搜集来的风险管理信息制定各种风险管理战术性策略，有效防范风险。

5. 风险管理的支持部门

风险管理组除了得到风险管理职能部门的支持以外，还必须得到其他一些相关部门的支持，包括战略规划部门、人力资源部门、合规和法律部门、内部稽核部门、信息系统部门，要求这些职能部门提供有关风险管理的可靠信息，以保证风险管理策略的正确制定和执行。在这些支持部门中，内部稽核部门的地位尤其重要，它能保证已经获准的流动性风险管理政策和规程得到有效执行。内部稽核部门人员应当定期稽核、测试风险管理程序和内部控制。同时，稽核委员会向董事会和执行委员会报告，以便执行委员会及时采取措施对存在的问题加以解决。

6. 分行和基层行的应对管理部门和岗位

考虑到我国银行全行上下流动性风险管理组织体系的有效衔接，原则上分行相应的组织结构比照总行设计。但是，考虑到分行主要是一个具体的执行机构，所以不用设立风险管理的决策部门，但是有必要增加一些具体的操作和内部控制部门。同时，考虑到机构精简的效率原则，商业银行的基层行没有必要设立专门的流动性风险管理部门，可以在一个综合的风险管理部门中设立流动性风险的管理岗位，或者赋予基层行的计财部对流动性风险的管理职能。

7. 业务系统

业务系统是整个金融风险管理体系中直接而又相当重要的组成部分，它既与风险管理部门相分离，而独立成一个金融风险管理体系，又与风险管理部门建立有机的联系，执行风险管理部门制定的有关风险管理制度和战略，并协助、支持风险管理的工作，及时向风险管理部门汇报、反馈有关的信息。

公司的总经理是业务系统的管理者，也是在具体操作中管理金融风险的最终责任人，总经理在组织业务经营的同时，也领导着公司的风险管理工作。例如，建立内部风险衡量、监控和评估模型，并组织实施；确保风险管理部门的有关决定的实施；监督风险动态，并采取有关应急措施等。

在日常工作过程中，公司的管理部门和操作部门也同时进行着风险决策和风险管理，各部门都必须负责本部门的风险管理工作。部门负责人必须认真贯彻金融风险管理部门制定的有关政策和战略，确保各项业务合规、合法，严密做好风险管理工作，及时、准确地向风险管理部门报告风险暴露的信息；尤其是对超过风险限额的交易要迅速地报告风险管理部门，并采取相应的防范措施，减少或避免损失的发生。

（三）金融机构风险管理组织结构设计原则

1. 总体原则

协调原则：金融机构风险控制组织结构的设计要考虑金融机构内部各业务职

能的设置及相互之间关系的协调。

效率原则：金融机构风险控制组织结构的安排和职责划分要体现效率原则，保证银行经营管理系统的高效运作。

2. 基本原则

（1）全面风险管理原则

全面风险管理原则要求金融机构风险管理组织结构设计安排应充分满足金融机构全面风险管理的要求。具体包括：全员风险管理，即金融机构内部所有的工作人员都要参与风险管理，都要有风险意识和自觉性；全程风险管理，即在风险识别、风险衡量、风险分析与评价整个风险管理流程中都要进行有效管理；全方位风险管理，即对金融机构各个部门，各种业务均要进行风险管理。

（2）集中管理原则

集中管理原则要求对金融机构风险管理组织结构设计时应同时设立风险管理委员会和具体的业务风险管理部门。

（3）垂直管理原则

垂直管理原则要求董事会和高级管理层应当充分认识到自身对风险管理所承担的责任。

（4）独立性原则

独立性原则要求风险管理的检查、评价部门应当独立于风险管理的管理执行部门，并有直接向董事会和高级管理层报告的渠道。

（5）程序性原则

程序性原则要求金融机构风险管理体系组织结构的安排应当严格遵循事前授权、事中执行和事后审计监督三道程序。

二、金融风险管理的系统

一般来说，金融风险管理体制主要包括两个内容。金融风险管理系统，是以系统的观点来看待金融风险管理，并按照其在风险管理过程中所体现的职能划分为不同的子系统；金融风险管理组织体系，是经济主体在实际运作金融风险管理系统时的内部组织与外部组织表现形式。金融风险管理是一项复杂的系统工程，该系统主要包括以下几个子系统：①金融风险管理的衡量系统。②金融风险管理的决策系统。③金融风险管理的预警系统。④金融风险管理的监控系统。⑤金风险管理的补救措施。⑥金融风险管理的评估系统。⑦金融风险管理的辅助系统。

各子系统密切相关，但又分别具有不同的特点，执行不同的职能。以系统的眼光来看待金融风险管理，它其实就是一项复杂的系统工程，由各个密切相关的子系统有机组合而成。实质上，并不是单独的子系统凑合成了金融风险管理这一系统整体，更多的是人为地按照职能的差异将其划分为各"独立"的子系统，方便于在各个环节抓住重点，使整个金融风险管理系统有效运转，真正起到防范和处理金融风险的作用。

（一）金融风险管理的监控系统

1. 金融风险管理的监控系统的含义

金融风险管理的监控系统是指随时监督公司承受的风险动态情况，督促各部门严格执行有关规章制度和风险管理政策，严格执行相关的风险管理程序，将风险管理工作落到实处。随机监督即从动态上把握经济主体的金融风险状况，严密观察并控制风险的变化，这就是金融风险管理监控系统的主要职能。

监控指标可以很好地观测经济主体的金融风险状况，如资本充足率、单项贷款的占比以及流动性比率等。现代社会电子化的发展使得金融风险的监控更为便利，通过电脑联网就可使经济主体的风险监测部门便捷地了解到各部门的关键数据，随时监督各业务部门经营状况，掌握包括信贷、资金头寸、外汇交易等进展情况。

2. 金融风险管理的监控系统的职能

监控系统首先需要设置一系列的监控指标，如资本充足率、流动性比率、单向贷款的占比等，并通过电脑联网，对各业务部门和分支机构的经营状况进行监控，包括信贷、资金头寸、债券和外汇交易的进展情况等，随时掌握公司内部资金的流向和业务状况。一旦发现异常，就采取相应的防范应急措施。监控系统设置有限额权限提示、自动障碍和警讯等程序来确保授权制度的执行。当出现超额限额权限的趋势时，监控系统就会及时提醒操作人员，若操作人员不进行及时纠正或继续进行违规，监控系统将会自动设置障碍，拒绝执行其发出的指令，并向上级管理部门发出警告。

监控系统还要定期或不定期地对各业务部门进行全面或某些方面的稽核，检查各种风险管理措施的实施情况，寻找各种隐患，如贷款的贷后检查、质押品的

第五章　金融风险管理的框架

管理、重要凭证的保存等，发现问题及时向上级领导或上级部门汇报，并督促有关部门迅速改正或者采取补救措施。

监控系统还要对董事会制订经营方针和重大决策、规定和制度及其执行的情况进行检查，一旦发现问题，可以直接向有关部门提出期限改进的要求。例如，如果公司进行的一项大规模的投资出现问题，该监控系统会直接向相关部门或领导提出限期改进的要求，以免发生不必要的损失。

（二）金融风险管理的预警系统

1. 金融风险管理的预警系统的含义

经济实体在经营活动中，通过内部的研究部门或外部的咨询机构，对经营活动中出现的金融风险进行监测和预警，以引起有关人员的注意，并供他们在决策时参考，这就是金融风险管理的预警系统。例如，在一项投资中，投资者可预先确定营运资本与总资产之比的警戒线，从而在投资决策中自觉地约束投资的规模。再如，银行可通过预警机制对某个行业的前景提出警告，以供信贷人员在贷款取向中参考。

预测金融风险，先于风险爆发之前观察到风险的动态以便及时采取应对措施是很重要的，金融风险管理预警系统的设置很大程度上就在于解决这个问题。通过经济主体内部的研究机构或者外部的咨询公司等专业机构，对其经营活动中出现的金融风险进行监测和预警是金融风险预警系统的主要任务。

一般而言，金融风险预警系统能够监测的范围较为广泛，可以根据经济主体的历史经验、同行业的经营状况以及对未来经济形势的分析来得出相应的预警结论。预警系统不但能够使经济主体了解自身经营的各类警示指标，还能够掌握所处金融风险环境的整体状态，有效增强防范风险的自觉性；从另一个角度来说，金融风险预警还能使交易对手对金融风险引起足够的重视，从而防止金融风险。

2. 金融风险管理的预警系统的建立

金融风险管理的预警系统可以从以下几个方面建立。

①根据本机构的历史经验，来建立相应的预警信号。例如，银行可以根据以往经验，来推测市场资金的需求、供给趋势，建立起头寸变化的警戒线。

②根据同行业一些机构的状况进行行业分析，来建立相应的预警信号。例如，企业财务报表中各种比率应保持在什么范围，该企业在整个市场的占有率在多大

时才能支持。

③分析未来的各种趋势,包括经济走势、行业形势、个体经营状况等,进行宏观分析,确定未来的各种趋势。例如,根据汇率变化趋势、股票走势、企业经营前景等,通过反复筛选整理成一定的预报材料,以供后期参考。

经济实体通过建立预警机制,既可以掌握金融风险的整体状况,从而采取相应的策略,又会引起企业内部各部门对金融风险的高度重视,有效增强防范和抑制金融风险的意识和自觉性,还可以对交易对手提出忠告或警告,从而促使交易对手也对金融风险加以高度重视,防止交易对手的行为导致金融风险。总之,整个市场都会处于预警状态,最终减少了金融风险的发生。

(三) 金融风险管理的衡量系统

金融风险管理的衡量系统是指用来估量每项交易中金融风险的大小和影响,为金融风险管理的决策提供依据的系统。金融风险管理衡量系统是整个金融风险管理系统的基础,准确、有效地衡量风险才能使管理链条顺畅运行,精准地击中风险目标。

一般而言,金融风险的衡量都采用定量方法,以一定的数字和概率数值来表现风险及其发生的可能性。通过开发建立与相关业务经营相适应的风险管理模型,可以得出各类金融风险的衡量数据,从而进一步进行风险管理操作。利用模型来计量金融风险的所得结果便于风险信息的理解和传递。例如,经济主体通常采用信用评级的方法来衡量信用风险,用概率分布的方法来衡量证券价格风险,用各种缺口模型来衡量利率风险等。

此外,由于最初着手衡量的是单独的业务或者是经济主体局部的风险,其数据往往相对较小。但是,倘若将整个业务链条的风险或者整个经济主体所面临的风险汇总起来,所得到的将是一组相对较大的风险数据。在此风险汇总的机制下,经济主体宜根据风险分布的结构状况予以适当的处理。例如,目前对于整体金融风险的衡量,金融机构普遍认同"资本充足率"的衡量方法。

(四) 金融风险管理的决策系统

1. 金融风险管理的决策系统的含义

金融风险管理的决策系统是指为整个金融风险管理系统提供决策支持的系

第五章 金融风险管理的框架

统。它既要负责设计和运用整个金融风险管理系统，制订防范金融风险的各种规则和指导方针来规范业务运作，指导业务人员开展金融风险防范活动，又要根据具体的风险特征和状况，研究制订金融风险管理的最佳策略，制订防范或化解金融风险的各项具体措施和安排，并发出指令，责令各个部门实施。例如，银行的决策部门可根据其测定的金融风险的大小，要求计划部门对资产负债结构进行调整，以缩小利率敏感缺口，或要求信贷人员提前收回某笔贷款，以缩小乃至避免由该笔贷款引起的信用风险。

金融风险管理决策系统担负的是整个金融风险管理系统的设计和运用，是整体系统的核心部分；通过制订各种防范和处置金融风险的规则、指导方针等来规范经济主体自身的业务运作，指导业务人员开展各项金融风险管理活动。通常还需要经济主体根据所遭遇金融风险的具体特征和状况来研究管理的最佳策略，确定防范和化解金融风险的各项具体措施和安排，并指挥各业务职能部门执行决策。

为使金融风险管理决策系统能顺畅地发挥作用，需要经济主体内部的各项决策支持，使管理人员能够通过该系统选择最佳的金融风险管理工具、最佳的资产组合以及其他类型的决策等。以银行的决策系统为例，决策部门根据所衡量的风险状况作出安排，大多数情况下是要求计划部门对资产负债结构进行调整以缩小利率敏感性缺口，或者要求信贷人员提前收回某笔贷款以缩小或避免该贷款带来的风险。

在实际的金融风险管理决策系统中，风险管理政策的制定工作通常体现为结合测定风险的大小，紧密联系业务进程，适时建立各层次管理人员、业务人员或者是下属单位的授权制度以及下级单位的经营管理权限等。

2. 金融风险管理的决策系统的职能

决策系统是整个金融风险管理系统的核心，它在风险管理系统中发挥统筹调控的作用。具体来说，包括以下内容。

（1）统筹规划职责

决策系统不仅要负责设计和运用整个金融风险管理系统，制订防范金融风险的各种规则指导方针，而且还要根据具体的风险特征和状况研究制订金融风险管理的最佳策略。

（2）制定授权制度

决策系统的职能之一就是建立对各层管理人员、业务人员或下级单位的授权制度，如规定各级管理人员对客户授信的最高审批限额，业务人员、管理人员在市场交易中的最大成交限额，以及下级单位经营管理权限等。

（3）制定支持制度

决策系统要为决策提供支持，使管理人员能够通过该系统选择最佳的风险管理工具、资产组合或决策等。

（五）金融风险管理的补救措施

1. 金融风险管理的补救措施的含义

金融风险管理的补救措施是指对已经显露出来的金融风险及时采取补救措施，防止金融风险的恶化和蔓延。例如，当银行面临严重不足的流动性风险时，其补救系统要协助计划部门尽快采取措施（如低价出卖资产），以防止对各项业务和银行的声誉造成重大损失，尤其要防止因为金融风险的扩散而引起的挤兑现象。再如，当经济实体面临利率风险或汇率风险时，其补救系统可以通过出卖资产（或外汇）、购买金融衍生产品等方案来转嫁风险，进行保值。

特别值得注意的是，对银行经常面临的呆账、逾期贷款等问题，补救系统一定要研究出切实可行的措施，力求加以解决。例如，当某项贷款到期不能收回时，可要求该项贷款的主管信贷员和有关部门进行协作，上门催收或到法院起诉，以便尽力追回贷款。

此外，应急措施还应包括对实物风险的规范和处理，即基础设施等发生故障时的防范措施和处理策略。在信息沟通电子化的条件下，这类风险通常表现为及时对电脑处理的资料和数据进行备份、存档，设置相应的恢复程序，即使电脑软件发生了故障，信息的完整性仍然可以保证，交易仍然可以正常进行。从某种意义上说，做好了金融风险补救系统也就是对金融风险的"后事"进行预期并做好料理准备，是一种事后防范机制。

2. 金融风险管理的补救措施的职能

（1）制订日常业务操作的补救措施，建立应急基金

例如，商业银行可以建立应急基金，当银行发生突发事件时就可以利用该基金解决燃眉之急，从而减少乃至避免不必要的损失。

（2）建立准备金制度，对已产生的资金损失要及时加以弥补

例如，商业银行都建立了呆账准备金制度，按照一定的程序，对已确定无

法收回的贷款进行核销，并及时用呆账准备金弥补损失，以保证银行资金的正常运转。

（3）建立基础设施发生故障的防范和及时处理的系统，减少操作风险

例如，对一些由计算机处理的资料和数据，要适时备份和存档，并设立恢复程序，以备在软件发生故障时仍能保持信息的完整性，并能及时恢复或继续交易。

（六）金融风险管理的辅助系统

除了上述的各个系统之外，金融风险管理还有赖于其他有关部门的辅助和合作，这些有关部门就是金融风险管理的辅助系统。

1. 金融风险管理辅助系统的含义

金融风险管理的辅助系统是指为上述各个核心系统提供帮助和合作的系统。辅助系统的主要职责在于推动其他系统作用的有效发挥。实质上，辅助系统的作用是通过一些部门的辅助和合作行为来体现的。一般来说，金融风险管理需要各经济主体建立历史风险管理数据库，用以保存过去金融风险管理过程中的各类信息；对这些数据的完整、妥善储存利于追索明确的事故责任和提供有效的证据。

此外，科技部门和人事部门可谓是该辅助系统的重要组成部分。科技部门通过开发金融风险管理技术网络并进行适时维护来保证系统的安全性，确保信息沟通的完整性和管理模型的保密性（为经济主体部门所特有的）。而人事部门经过培训、发掘金融风险管理方面的技术人才，为进行有效金融风险管理提供人力资源保障。

2. 金融风险管理辅助系统的职能

（1）建立信息库，为金融风险评估提供数据支持

在公司过去的金融风险管理过程中，各金融风险产生的原因、损失情况、影响大小等都应记录保存，以为将来的金融风险管理工作提供经验。例如，银行在信用风险管理中，应建立客户的信息档案系统，将客户的信用记录、注册资本、生产经营计划、资产负债状况、人才结构等详细资料输入系统，供有关业务人员参考，并据此建立授信额度控制制度。各业务部门对客户的跟踪信息，要及时汇总至风险管理部门的信息系统。风险管理部门根据客户的经营、资产等变化情况，

可随时修订授信额度，提示有关部门采取相应措施。

（2）对交易过程中的各种资料和数据妥善储存

这些资料和数据包括交易对手、交易时间、产品类型、票面金额、现金流明细、汇率、利率、清算明细和合同文本等，从交易开始酝酿到交易最终结束的所有有关信息都必须完整地保存。这不仅有利于内部管理，明确责任，防止工作人员疏忽或内部人员行为不轨造成损失，而且在与交易对手发生纠纷时，也能提出有效的证据。

（3）加强职能部门间的协作

金融风险管理要得到相关部门，尤其是科技部门和人事部门的协助。科技部门要开发金融风险管理技术网络，并适时进行维护。开发的系统和模型要具有安全性，能保证信息系统和模型的完整性和保密性。总之，各个部门为公司的唯一总目标进行协作。

第三节　金融风险管理的主要方法

一、内部控制

金融风险的控制和处置是金融风险管理的对策范畴，是解决金融风险的途径和方法，一般分为控制法和财务法。控制法是指在损失发生之前，实施各种控制工具，力求消除各种隐患，减少金融风险发生的因素，将损失的严重后果降低到最低程度。控制法主要是通过内部控制、风险规避、风险组合分散等方式来进行。财务法是指在金融风险事件发生后已造成损失时，运用财务工具，对已发生的损失给予及时的补偿，以促使尽快恢复。财务法主要包括保险、风险对冲、准备金提取、资本补偿等方式。在金融机构中，通用的风险管理方法主要包括：内部控制、资本计提、风险资本配置、风险准备金计提、风险损失估计、风险对冲、基于风险的绩效激励（RAROC）。

第五章　金融风险管理的框架

（一）内部控制的概念

内部控制是各个组织控制操作风险最重要的管理方法。所谓内部控制，是指一个单位为了实现其经营目标，保护资产的安全完整，保证会计信息资料的正确可靠，确保经营方针的贯彻执行，保证经营活动的经济性、效率性和效果性而在单位内部采取的自我调整、约束、规划、评价和控制的一系列方法、手续与措施的总称。内部控制的目的是确保银行的业务能根据银行董事会制定的政策以谨慎的方式经营。只有经过适当的授权方式方可进行交易，资产得到保护而负债受到控制，会计及其他记录能够提供全面、准确和及时的信息，而且管理层能够发现、评估、管理和控制业务的风险。

（二）内部控制的具体做法

随着公司舞弊行为和社会公众的利益冲突日益加剧，为调和矛盾，美国反对虚假报告委员会所属的发起机构委员会（简称"COSO委员会"）提出了"内部控制整合框架"。COSO报告将内部控制看作一个受公司决策层、经理层及其他人员影响的过程，旨在保证财务报告的可靠性、经营的效果和效率以及遵循现行的法规。COSO委员会内部控制整体架构主要由控制环境、风险评估、控制活动、信息沟通和监督五项要素构成，其对象是所有的组织，也包括金融机构。

1. 控制环境

控制环境是提供控制人员开展各项活动和进行监控活动的基础，既包括公司的诚信度和道德观，也包括员工的道德标准和能力。另外，COSO还特别强调组织的管理风格和规模对控制环境会有深远影响。环境要素是推动企业发展的引擎，也是其他一切要素的核心。

2. 风险评估

风险评估就是识别并分析实现目标的过程中存在的重大风险，它是决定未来如何管理风险的基础。COSO报告认为，商业决策和公司运营必然会产生风险，且没有任何一种方法可以将风险降至零。通过风险评估这个过程可以识别和评估风险，选取对公司实现其目标有重大影响的风险进行管理，并决定未来在该项风险投放的资源、相关的管理改进等问题。COSO报告希望公司应采取定期的、正式的、备有证明的文件努力去识别所有风险。

3. 控制活动

控制活动就是确保管理层得到实施的政策和程序。控制活动分为三种类型：经营控制活动、财务控制活动和遵守法律控制活动。控制活动是管理的工具，为管理各类风险，公司必须建立并有效执行实施控制的各项政策和流程。

4. 信息沟通

信息沟通是将上述三项活动相联系的纽带，为了实现公司目标，公司的所有层级特别是高级管理人员和风险管理人员都需要获取大量的经营和财务信息。而沟通的目的就是为了确保所有人员都能接受来自高级管理层对控制责任和内部控制重要性的认识。

5. 监督

整个内部控制的过程必须施以恰当的监督，通过监督活动在必要时对其加以修正。COSO 将监督看成是评估各个时期的内部控制质量过程的一部分，只有将公司运营的全过程置于监控之下，控制系统才可以反馈，并在授权范围内及时作出调整。这个过程可以包括即时监督、分别评估或两者的组合。

COSO 报告提出了经营目标、财务报告目标和合规目标三大目标，以及内部控制环境，内部控制策划、实施和运行，检测评价与持续改进，信息交流与反馈五大要素。COSO 报告提出的五大要素采用了"策划——实施——检查——处理"（PDCA）循环的管理模式，是系统论、控制论和信息论在管理中的具体应用。

COSO 报告还对内部控制中各个参与主体所应承担的职责做了要求：

①管理层：CEO 最终负责整个控制系统。对于大公司而言，CEO 可以把权限分配给 CRO 或其他负责风险管理的高级管理层，并评价其控制活动，高级管理层具体制定控制的程序和人员责任；对于小公司而言，可直接由 CEO 具体执行。

②董事会：管理层对董事会负责，由董事会设计治理结构，指导监管的进行。有效的董事会应掌握上下沟通的有效渠道，设立财务、内部审计等职能部门，防止管理层通过超越控制、有意歪曲事实来掩盖管理的缺陷。

③内部审计师：内审对评价控制系统的有效性具有重要作用，对公司的治理结构行使着监管的职能。

④内部其他人员：明确各自的职责，提供系统所需的信息，实现相应的控制；对经营中出现的问题，对不合法、违规行为有责任与上级沟通。

⑤外部人员：公司的外部人员也有助于控制目标的实现，如外部审计可提供

客观独立的评价，通过财务报表审计直接向管理阶层提供有用信息；另如法律部门、监管机构、客户、其他往来单位、财务分析师、信用评级公司、新闻媒体等也都有助于内部控制的有效执行。

二、风险损失估计

在确认对金融市场主体有显著影响的风险因素以后，就需要对各种风险因素进行测量，对于可能造成的损失进行定量描述，继而方能通过风险准备金和资本计提来进行抵补。

识别金融风险是金融风险管理的基础，金融风险管理人员需要在进行大量的调查研究，全面掌握各种信息之后，运用各种方法对潜在的各种风险进行系统的分析和论证。

金融风险识别所要解决的主要问题是：确定影响金融风险的因素、性质及其可能产生的后果，使投资者增强对风险的识别能力和感知能力。金融风险识别经常与风险度量联系在一起。具体识别金融风险的方法主要有统计分析法、环境分析法、财务分析法和分解分析法。

测量潜在损失即风险测度，其理论发展大致经历了三个阶段：首先是以方差和风险因子等为主要度量指标的传统风险测度阶段；其次是以现行国际标准风险测度工具 VaR 为代表的现代风险测度阶段；最新的是以 ES（expected shortfall）为代表的一致性风险测度阶段。

目前经常使用的金融风险测度指标大致可以分为两种类型，即风险的相对测度指标和绝对测度指标。相对测度指标主要是测量市场因素的变化与金融资产收益变化之间的关系。例如，针对债券等利率性金融产品的久期和凸性指标；针对股票的 beta 值；针对金融衍生产品的 delta、theta、gamma、vega 和 rho 指标。这些工具多被交易席位的交易员用于头寸的日常性风险管理，在风险管理第一道防线上起到非常重要的作用。

三、风险准备金计提

风险准备金计提是风险承担策略的一种重要方法。该策略表明，如果损失发生，经济主体将以当时可利用的任何资金进行支付。风险保留包括无计划自留和有计划自我保险。

（一）无计划自留

无计划自留是指风险损失发生后从自有资金中支付，即不是在损失前作出资金安排。当经济主体没有意识到风险或是认为该损失不会发生时，或将意识到的与风险有关的最大可能损失显著低估时，就会采用无计划保留方式承担风险。一般来说，无资金保留应当谨慎使用，因为如果实际总损失远远大于预计损失，将引起资金周转困难。

（二）有计划自我保险

有计划自我保险是指可能的损失发生前，通过作出各种资金安排以确保损失出现后能及时获得资金以补偿损失。有计划自我保险主要通过建立风险准备金的方式来实现。其应对的损失属于预期损失（EL）。

《商业银行风险监管核心指标（试行）》说明：风险抵补类指标衡量商业银行抵补风险损失的能力，包括赢利能力、准备金充足程度和资本充足程度三个方面。准备金充足程度指标包括资产损失准备充足率和贷款损失准备充足率。资产损失准备充足率是一级指标，为信用风险资产实际计提准备与应提准备之比，不应低于100%；贷款损失准备充足率为贷款实际计提准备与应提准备之比，不应低于100%，属二级指标。

为了使累积的风险不致危及银行的生存，银行通过提取呆账准备金和坏账准备金的方式来缓冲风险，提高银行的抗风险能力。

当前在我国，贷款呆账准备金、坏账准备金、投资风险准备金可计入银行附属资本来抵补风险损失。贷款呆账准备金是商业银行在从事放款业务过程中，按规定以贷款余额的一定比例提取的，用于补偿可能发生的贷款呆账损失的准备金。坏账准备金是按照年末应收账款余额的3%提取，用于核销商业银行的应收账款损失。

第六章 金融风险管理的内容范畴

第一节 信用风险管理

一、信用风险概述

信用风险是金融市场中最古老也是最重要的金融风险之一。它随着借贷的发生而产生，直到这笔贷款的本金和利息完全归还或者发生违约冲销损失准备而结束。随着金融市场的迅猛发展，金融机构有必要对信用风险进行更加灵活、积极和主动的管理，通过各种金融技术将信用风险层层剥离，选择更完善的风险管理方法，将风险降低或转移。

（一）信用风险的相关界定

1. 传统的信用风险

关于信用风险的概念，有许多不同的观点。传统观点认为，它是指交易对象无力履约的风险，即债务人未能如期偿还其债务造成违约，而给经济主体经营带来的风险。

信用风险有广义和狭义之分。从狭义上来讲，信用风险通常是指信贷风险；广义上的信用风险是指所有因客户违约（不守信）所引起的风险，如资产业务中借款人不按时还本付息引起的资产质量恶化；负债业务中存款人大量提前取款形成挤兑，加剧支付困难；表外业务中交易对手违约导致或有负债转化为表内负债等。

2. 现代的信用风险

从组合投资的角度出发，信用资产组合不仅因为交易对手（包括贷款借款人、债券发行人等）的直接违约而发生损失，而且交易对手履约可能性的变动也会给组合带来风险。一方面，一些影响交易对手信用状况的事件发生，如信用等级降低、盈利能力下降，造成所发行的债券跌价，从而给银行带来风险；另一方面，在信用基础上发展起来的交易市场使贷款等流动性差的资产价值能得到更恰当和及时的反映，如在信用衍生品市场上，信用产品的市场价格是随着借款人的还款能力的变化而不断变动的，这样借款人信用状况的变动也会随时影响银行资产的价值，而不仅仅是在违约发生时才有影响。从这两个方面来看，现代意义上的信用风险不仅包括违约风险，还包括由于交易对手（债务人）信用状况和履约能力的变化导致债权人资产价值发生变动遭受损失的风险。与传统的信用风险定义相比，这种对信用风险的解释更切合信用风险的本质。不同的信用风险的定义，作为信用风险计量模型的概念框架将会直接影响信用模型的建立。

3. 信用风险包含的内容

（1）违约风险

在现代市场经济条件下，无论是企业还是个人，在其经济活动中一旦与他人或企业签订经济合约，就面临合同对方当事人不履约的风险，如不支付钱款、不运送货物、不提供服务、不偿还借款等。此外，在信用保险、不同的贸易支付方式（赊账、货到付款、预付货款、交货付款）、国际贸易、托收、汇票、合同保证书、第三方担保、对出口商的中长期融资、福费廷等业务中均存在对方当事人违约的可能。

（2）主权风险

主权风险是指当债务人所在国采取某种政策，如外汇管制，致使债务人不能履行债务时造成的损失。这种风险的主要特点是针对国家，而不像其他违约风险那样针对的是企业和个人。

（3）结算前风险和结算风险

结算前风险一般是指风险在正式结算前就已经发生；结算风险则是指在结算过程中发生不可预料的情况，即当一方已经支付了合同资金但另一方发生违约的可能性。

信用风险对衍生金融产品和基础金融产品的影响不同。对于衍生金融产品而言，违约带来的潜在损失小于产品的名义价值损失，实际上它只是头寸价值的变化；对于基础金融产品（如公司债券或银行贷款）而言，信用风险所带来的损失就是债务的全部名义价值。

4.信用风险与信贷风险辨析

信用风险与信贷风险是两个既有联系又有区别的概念。信贷风险是指在信贷过程中，由于各种不确定性，借款人不能按时偿还贷款，造成银行贷款本金、利息损失的可能性。对于商业银行来说，信贷风险与信用风险的主体是一致的，即均是由于债务人信用状况发生变动给银行经营带来风险。二者的不同点在于其所包含的金融资产的范围不同。信用风险不仅包括贷款风险，还包括存在于其他表内、表外业务，如贷款承诺、证券投资、金融衍生工具中的风险。由于贷款业务仍然是商业银行的主要业务，所以信贷风险是商业银行信用风险管理的主要对象。

（二）信用风险产生的原因

1.现代金融市场内在本质的表现

信用风险是金融市场的一种内在推动力和制约力，它既促进了市场参与者管理效率的提高，增添了市场活力，也具有风险警示效用，起到"看不见的手"的调节和约束作用。

（1）信用风险内生于金融市场

20世纪80年代相继发生在世界各地的金融风波或金融事件，绝大多数是由信用风险引发的。实际上，即使没有造成大的金融危机，信用风险在金融活动中也无处不在。由于金融市场上有无数参与者，每时每刻都有大量的交易产生，因此金融市场上有大量的信用风险客观存在着。在信用风险管理中，风险与风险暴露结合在一起，但风险暴露与信用风险也有不同。风险暴露是指在信用活动中存在信用风险的部位以及受信用风险影响的程度。例如，银行持有的贷款头寸就是一种风险暴露，但不是信用风险；而贷款的拖欠或违约则是信用风险，而不是风险暴露。事实上，一些信用产品的风险暴露程度高，其信用风险未必高。风险暴露较具体，容易计量，便于研究。

（2）信用风险是金融市场的一种内在推动和制约力量

一方面，金融市场参与者如果能把握时机，就能获得较好的收益，从而在激烈的竞争中赢得胜利；反之，就可能陷于被动，进而遭受损失。因此，从某种意义上讲，信用风险促进了金融市场参与者管理效率的提高，增添了金融市场的活力。另一方面，信用风险可能造成的严重后果具有警示效用，能够在一定程度上约束金融市场参与者，从而对整个金融市场起到调节作用。

2.信用活动中的不确定性导致信用风险

不确定性是现实生活中客观存在的，它反映一个特定事件在未来有多种可能的结果。在信用活动中，不确定性包括外在不确定性和内在不确定性两种。

（1）外在不确定性

外在不确定性来自经济体系之外，是经济运行过程中随机性、偶然性的变化或不可预测的趋势，如宏观经济的走势、市场资金的供求状况、政治局势、技术和资源条件等。外在不确定性也包括国外金融市场上不确定性的冲击。一般来说，外在不确定性对整个金融市场都会有影响，所以外在不确定性导致的信用风险等金融风险又被称为系统性风险。显然，系统性风险不可能通过投资分散化等方式来化解，而只能通过某些措施来转嫁或规避。

（2）内在不确定性

内在不确定性来自经济体系之内，它是由行为人主观决策及获取信息的不充分性等造成的，带有明显的个性特征。例如，企业的管理能力、产品的竞争能力、生产规模、信用品质等变化都直接关系着其履约能力，甚至企业内部的人事任命、负责人的身体状况等都会影响其股票和债券的价格。投机者不可预测的炒作更加大了内在不确定性。内在不确定性可以通过设定合理的规则来降低，所以内在不确定性产生的金融风险又被称为非系统性风险。

3.信用当事人遭受损失的可能性形成信用风险

信用风险往往与损失联系在一起，或者说，信用风险可能导致损失。这里包括两层意思：第一，对于信用活动的一个事件来说，只要它存在损失的可能性，就表明它存在信用风险，但这并不意味着该事件不存在盈利的可能性。第二，信用风险指的是一种可能性，是一种结果未知的未来事件。

信用风险可能导致的损失有以下两种情况：一是信用风险可能给行为人带来直接的损失。一般认为，信用风险导致的可能损失越大，信用风险就越大。二是信用风险还可能给行为人带来潜在的损失，如银行因贷款不能及时收回、长期债券投资者由于发行人违约不能收回债券本息等，这些都可能使人们失去良好的再投资机会，甚至影响正常的经营秩序。

二、信用风险管理的特征及变化

信用风险管理表现出与其他风险管理不同的特征。此外，随着风险管理领域的迅速发展,信用风险管理也在不断深化,呈现出与传统管理不同的特点。

(一) 信用风险管理的特征

1. 信用文化及对风险的态度对风险管理至关重要

金融机构管理层对风险的态度非常关键,它决定金融机构到底愿意承受多大的风险。在确定了可以承受的风险区域后,管理层应该让每一位员工对此有所了解并给予支持,然后确定配套的系统、政策和程序来使所有员工严格执行。

2. 随时监测企业所面临的风险并采取相应对策

建立支持性的信用风险管理框架,明确风险管理的程序和环节。第一,完全暴露企业的各个经营环节及其风险状况,以便随时能检测问题所在;第二,明确企业各层级在风险管理方面的职能并建立相应的约束激励机制;第三,在贷款管理的各个环节进行一系列分析工作,积极控制信用风险的生成和恶化,利用技术手段控制风险。

3. 在机构设置上更有利于风险管理,即在流量和存量两个方面解决问题

在流量方面,将客户关系管理与信贷风险管理分开,独立进行信贷风险评估,排除潜在利益冲突引起的道德风险,也避免对客户关系的负面影响。在存量方面,派专人对"问题账户"进行管理,定期编制"问题贷款"报告。

(二) 信用风险管理特征的变化

随着整个风险管理领域的迅速发展,信用风险管理也在不断发生变化,主要体现在以下几个方面。

①信用风险的量化和模型管理更加困难。信用风险管理存在难以量化和衡量的问题。

②管理技术不断发展,信用风险对冲手段出现。在市场力量的推动下,以信用衍生品为代表的新的信用风险对冲管理技术开始出现,并推动整个信用风险管理体系不断向前发展。

③信用风险管理实践中存在悖论现象。这种悖论是指理论上要求银行在管理信用风险时应遵守投资分散化、多样化原则,防止授信集中化,但在实践中,银行信贷业务往往显示该原则很难得到贯彻执行,银行信贷资产分散化程度不高。

④信用风险管理由静态转向动态。在现代信用风险管理中,信用风险更多地

运用动态管理手段。信用风险计量模型的发展使得组合管理者可以每天根据市场和交易对手的信用状况动态地衡量信用风险水平，信用衍生产品的发展使得组合管理者拥有了更加灵活、有效地管理信用风险的工具，可以根据风险偏好，动态地进行调整。

⑤信用评级机构有重要作用。独立的信用评级机构在信用风险管理中具有重要作用。对企业的信用状况及时、全面地了解是投资者防范信用风险的基本前提。信用评级机构可以保护投资者利益、提高信息搜集与分析规模效益，现代信用风险管理的理论与方法对信用评级的依赖更加明显。

三、信用风险控制的策略

（一）贷款定价策略

贷款定价就是确定贷款的合同利率，在利率市场化条件下，利率的高低和种类是各种客观经济变量综合作用的结果。

我国银行正处于市场化进程中，健全有效的市场融资机制的核心是要以价格机制为基础分配金融资源。因此，彻底改变银行单一的贷款定价模式，使收益与风险相匹配，是银行经营体制改革的必经之路。

1. 收益与风险的关系

一般情况下，收益与风险是对等的。这里的收益是指贷款经营过程中因规避风险成功而可能带来的收益。它实质上是一种机会收益，这种机会收益取决于贷款的风险度。当贷款风险度较小时，风险收益也较小；随着贷款风险度的增大，风险收益也在增大；当贷款风险度达到最大时，风险收益也达到最大。

银行不同于一般的企业，它必须在承担风险中创造收益。即使银行再努力，它也不可能实现无风险贷款。金融机构在市场竞争中的核心技能是确定风险与报酬的对应关系，并进行相应定价和营销的能力。因此，对客户授信并承担相应的风险是银行创造效益的一个重要途径。只有正确地认识贷款风险与收益的关系、打破贷款僵化的单一定价模式、实行收益与风险对等的积极定价策略，银行才能防范信用风险，增强竞争力。

2. 影响贷款定价的因素

银行作为金融交易的主体之一，必须综合考虑多个因素，决定交易的价格水

第六章 金融风险管理的内容范畴

平。银行在进行贷款定价时需要考虑以下因素。

（1）中央银行利率

以再贴现率和再贷款利率为主的中央银行利率反映了货币政策的要求，影响商业银行从中央银行取得资金的成本。一般商业银行的贷款利率以中央银行利率为基准，略高于中央银行利率。

（2）银行负债的平均利率

银行负债主要是存款和主动负债，其利息是银行借入资金的主要成本，其中存款利率影响最大。存贷利差收入形成银行利润，银行为保持一定的利润必须使贷款利率高于存款利率。

（3）营业费用

银行的正常运转需要支付各种营业费用，这些成本由贷款、投资及服务收入来补偿，而且补偿后要有一定的盈余。营业费用提高，会促使银行从贷款、投资等业务中获取更多的收入。因此，贷款利率也倾向于提高。

（4）贷款风险

借款人的信用、贷款的期限和种类、预期的通货膨胀等因素都使银行贷款具有一定的风险。为补偿风险可能带来的损失，贷款人在确定每笔贷款的利率时都要考虑风险因素，风险越大，贷款利率越高。因此，贷款风险导致差别利率，比如信用差别、行业差别、用途差别、按期和逾期差别等。

（5）借贷资金供求状况

借贷资金的供求状况是影响当前利率的主要因素。一般来说，在经济景气时，贷款需求大，可能会出现资金供不应求，利率水平随之提高；在经济衰退时，投资需求不足，情况则相反。

3. 贷款定价方法

贷款定价涉及诸多因素，在实际操作中，商业银行的贷款定价常常由银行收益、筹资成本以及信贷风险等多个因素决定。贷款合同利率由下列公式决定：

贷款合同利率 = 贷款的目标利润率 + 贷款成本率 + 风险贴水

贷款的成本包括贷款的筹资成本、间接费用或管理费用等。贷款的筹资成本应能反映银行用作贷款的各种资金的边际成本；贷款的管理费用一般用管理费用总额与贷款资产总额之比来计算。

除了考虑违约风险之外，风险贴水还要考虑贷款期限和抵押品价值大小。风险贴水通过资信评估模型来决定。贷款的期限越长，贷款的利率风险以及借款人信用可靠性恶化的可能性越大，因而风险贴水也越高。抵押品价值风险是指抵押品的价格相对于被担保贷款的金额出现下降的可能性，银行可根据经验和经济环境的状况来决定这一风险贴水的大小。

（二）资产分散化策略

投资的多样化和分散化是金融风险管理中的重要策略，也是投资者普遍运用的投资理念，它可以有效地防范或降低多种金融风险。对于银行来说，信贷资产分散化是降低银行信用风险的一个重要策略，当今许多信贷专家确信最有效的信贷管理就是合理地安排贷款组合。

1. 贷款组合管理概述

20 世纪 50 年代，马柯维茨（Markowitz）提出的现代证券组合理论是金融风险分散化的经典理论，不仅运用于证券投资，也阐明了金融风险分散化的基本原理。按照这一理论，金融风险分散化的通俗表述是"不要将全部鸡蛋放在一个篮子里"，即商业银行通过持有不同种类、不同币种的信贷资产来分散每种资产价值损失的可能性，使总资产得到保值或减少价值损失。贷款组合管理的重要原则是贷款之间应尽量减少相关性，最大限度地降低贷款风险的传染效应。因为不同贷款间的负相关关系可以减少风险在贷款之间的传播，起到相互抵消风险的作用，它是银行防范信贷风险、稳定收入的保证。这就要求银行实行组合管理，根据市场、产品、客户、信用和经营条件来预测、分散和控制整体风险。

商业银行确定资产组合时，必须根据其发展战略、经营计划和承受的风险程度，确定目标市场和客户群、贷款的种类币种、授信方式的搭配、贷款展期的可能性和贷款组合集中程度等，运用数学分析方法和组合管理理论，寻找有效边界，建立有效组合，以求在既定风险下收益最大或在既定收益下风险最小。贷款组合确定以后，并不意味着这个组合就是一成不变的。这是因为，当外部环境以及银行自身发展战略、风险承受能力等内部条件发生变化时，贷款组合的有效边界会同时发生移动，原有的组合就不是现有条件下的最优组合了。这时，银行应该在认真评估贷款组合风险的前提下对贷款组合进行调整，使其符合银行的战略目标、风险承受能力和外部环境的变化。

2. 贷款组合管理的类型

根据国际银行业资产组合管理的发展历史，商业银行对信用风险的组合管理一般分为两种类型。

（1）传统的随机组合管理

在传统的随机组合管理中，组合管理者对组合的信用风险只能进行定性管理，根据自己的需要确定分类方式并从中进行选择，这种选择通常是随机性的。银行为组合中的每一种资产主观地设置一个信用风险暴露限额，以避免单一资产过度扩张、风险集中度超过银行可承受的水平。这种手段简单易行，技术要求不高，但显然不足以分析风险与收益的关系。

（2）科学的量化组合管理

20世纪90年代以来，随着新型融资工具在全球的风行以及新兴金融市场的不断发展，国际金融机构信用风险的暴露量激增，市场迫切需要一种较为成熟的信用风险计量和管理手段。科学的量化组合管理是运用资产组合理论和有关的定量模型对各种资产的选择方式进行分析，根据它们各自的风险收益特征和相互之间的相关性，组成在一定风险水平下期望收益最高或在一定期望收益水平上风险最小的有效组合。这一手段需要专门人员通过系统的资产分析和历史数据进行统计，技术要求高，计算复杂，成本费用较高，但可以有效分散风险。

就中国目前的条件来看，传统的随机组合管理更为适宜，但科学的量化组合管理是一个发展方向。

第二节 流动性风险管理

一、流动性风险概述

流动性风险是金融机构面临的主要风险之一。流动性原则要求经济主体拥有的资金、资产具有即时变现能力，或者能够及时从外部获得资金。当金融机构不能及时提供充足的现金来满足客户提取存款的要求和支付到期债务时，金融机构面临流动性危机，这种流动性危机很容易导致银行破产。保证充足的流动性是资产负债管理的目标之一。为达到这一目标，必须进行全面、准确的流动性分析，并根据流动性分析结果制定有效的流动性管理策略。

（一）流动性风险的内涵及意义

1. 流动性风险的内涵

流动性是指银行能够在一定时间内以合理的成本筹集一定数量的资金来满足客户当前或未来的资金需求。流动性风险是指商业银行无法以合理成本及时获得充足资金，用于偿付到期债务、履行其他支付义务和满足正常业务开展的其他资金需求的风险。在极端情况下，流动性不足会造成银行的清偿问题。

流动性风险可以分为融资流动性风险和市场流动性风险。融资流动性风险是指商业银行在不影响日常经营或财务状况的情况下，无法有效满足资金需求的风险；市场流动性风险是指由于市场深度不足或市场动荡，商业银行无法以合理的市场价格出售资产以获得资金的风险。

流动性风险的表现形式为：①银行的一切经营活动正常。信贷资金市场正常运转，银行本身并无严重问题发生。②银行本身出现短期危机。例如，银行出现坏账。③银行业整体出现短期危机，这种情况往往是由国际金融危机所导致的。④银行陷于长期危机。例如，银行不断出现营业亏损，从而存在倒闭的风险。对银行流动性风险管理的研究重点在第一种情况，后三种情况属于流动性风险的极端表现，往往伴有其他风险的存在。

2. 银行保持适当流动性的重要意义

（1）银行保持适当流动性可以保证债权人的债权得到偿付

银行的债权人，无论是小额储蓄者还是大额存单持有者或者是其他金融机构，均属于风险厌恶者，他们将资金贷给银行，其主要目的是收回本金，然后才是选择不同的利率。银行保持适当的流动性，才会使本金偿付得到保证。

（2）银行保持适当流动性才有能力兑现对客户的贷款承诺

一家银行发出的贷款承诺往往是其贷款余额的数倍。当银行的某个高质量客户提出新的贷款需求时，银行会尽量满足他的需求。银行保持适当流动性，才可以在任何时候都能兑现它的贷款承诺。

（3）银行保持适当流动性可以使银行及时把握有利可图的机会

银行既可以在需要时扩大资产规模，又可以在不利的市场环境下出售流动资

第六章　金融风险管理的内容范畴

产，避免资本亏损。

（二）流动性风险管理体系

流动性风险管理是识别、计量、监测和控制流动性风险的全过程。商业银行应当建立健全流动性风险管理体系，对法人和集团层面、各附属机构、各分支机构、各业务条线的流动性风险进行有效识别、计量、监测和控制，确保商业银行流动性需求能够及时以合理成本得到满足。流动性风险管理是资产负债管理的重要组成部分。银行在确定资产负债额度、结构和期限时，需要考虑流动性风险管理，以加强资产的流动性和融资来源的稳定性。

1. 流动性风险管理体系的基本要素

流动性风险管理体系是商业银行风险管理体系的组成部分。流动性风险管理体系应当与商业银行总体发展战略和整体风险管理体系相一致，并与商业银行的规模、业务性质和复杂程度等相适应。商业银行实施流动性风险管理，应适当考虑流动性风险与其他风险的相关性，协调流动性风险管理与其他类别风险管理的政策和程序。流动性风险管理体系包括以下基本要素：①有效的流动性风险管理治理结构。②完善的流动性风险管理策略、政策和程序。③有效的流动性风险识别、计量、监测和控制。④完备的管理信息系统。

2. 流动性风险管理治理结构

商业银行应建立有效的流动性风险管理治理结构，明确董事会及其专门委员会、监事会（监事）、高级管理层以及相关部门在流动性风险管理中的职责和报告路线，建立适当的考核及问责机制，提高流动性风险管理的有效性。

3. 流动性风险管理政策

商业银行应根据本行的经营战略、业务特点、财务实力、融资能力、总体风险偏好及市场影响力等因素确定流动性风险偏好，并以此为基础制定书面的流动性风险管理策略、政策和程序，涵盖表内外各项业务以及境内外所有可能对其流动性风险产生重大影响的业务部门、分支机构和附属机构，并包括正常和压力情景下的流动性风险管理。

流动性风险管理策略应明确流动性风险管理的总体目标、管理模式，以及主要政策和程序。流动性风险管理政策和程序包括但不限于以下内容：流动性风险的识别、计量和监测，包括现金流测算和分析；流动性风险限额管理；融资管理；

日间流动性风险管理；压力测试；应急计划；优质流动性资产管理；跨机构、跨境以及重要币种的流动性风险管理；对影响流动性风险的潜在因素以及其他类别风险对流动性风险的影响进行持续监测和分析。

二、流动性风险管理的技术方法

从表面上看，银行的流动性风险是一个比较简单的概念，但对它进行衡量不是一件易事。银行流动性风险的计量方法基本反映了在一定历史背景下，银行对流动性风险管理的认识过程。流动性风险总是伴随其他风险而产生，是一种间接风险，VaR方法（风险价值模型，Value at Risk）不适用于流动性风险。流动性风险应在不同的银行和市场系统情景下进行分析。

（一）资产及负债的流动性风险管理

1. 商业银行资产负债管理的原则及内容

当前，我国银行体系的流动性总体处于合理水平，但随着金融业的不断发展，金融市场上经济因素愈加复杂，商业银行的流动性管理被要求达到更高的水平。对金融机构而言，加强风险防范意识，不断提高流动性管理的主动性和科学性，继续强化流动性风险防范与管理是必然选择。

商业银行资产负债管理应遵循分散化原则。商业银行应制定具体、明确的资产负债分散化政策，使资金运用及来源结构向多元化发展，提升商业银行应对市场波动的能力。商业银行应建立集中度限额管理制度，针对表内外资产负债的品种、币种、期限、交易对手、风险缓释工具、行业、市场、地域等进行集中度限额管理，防止由于资产负债过度集中引发流动性风险。

商业银行资产负债管理应遵循审慎性原则，应审慎评估信用风险、市场风险、操作风险、声誉风险等对资产负债业务流动性的影响，密切关注不同风险间的转化和传递。主要包括以下内容：

①商业银行在对资产变现能力进行评估时，要考虑市场容量、交易对手的风险以及其他因素对资产可交易性、资产价格产生的影响。

②商业银行在确定资产流动性组合时，应避免资产组合在资产类别、交易对手、行业、市场、地域等方面承受过度的市场风险及其他风险。

③商业银行应定期监测交易对手和自身的偿债能力指标状况，当相关指标显

示交易对手偿债能力下降时,要及时调整对交易对手的融资授信额度;当相关指标显示自身偿债能力下降时,要及时调整资产负债结构,提高债务清偿能力。

④商业银行应加强对未提取的贷款承诺、信用证、保函、银行承兑汇票等的管理,监测相关客户的信用状况、偿债能力和财务状况,了解商业银行因履约事项可能发生的垫款和客户可提取的贷款承诺带来的流动性需求,并纳入流动性缺口管理。商业银行应将为应对声誉风险而对交易对手给予超过合约义务的支付所产生的流动性需求一并纳入流动性缺口管理。

⑤商业银行应关注负债的稳定性。发行股票和债券是商业银行补充中长期流动性的重要手段,这有助于改善期限结构错配状况。商业银行应关注资本市场变化,评估通过发行股票或债券等补充流动性的能力与成本。

2. 资产负债管理的基本指标

传统上,商业银行通常从资产和负债两方面对流动性进行计量。规模较小的银行由于接触货币市场的机会较少,更多地关注与资产有关的流动性比例;而大银行则非常重视与负债有关的流动性比例。

(1)资产方流动性比例

资产方流动性主要指一项资产变现的难易程度。一般情况下,资产的到期日越近,市场流通性越高,其流动性越高。资产流动性通常表示为银行的特定资产占总资产的比例。一般来说,流动性较高的资产在二级市场上往往表现出较低的违约风险、较近的到期日和较大的交易量等特征。资产方流动性比例一般包括流动比率、流动性缺口率、存贷比例、总股本/总资产、风险资产/总资产、贷款亏损/贷款净额、贷款亏损准备金/不良贷款等。

(2)负债方流动性比例

负债方流动性主要指一家银行以合理成本筹措新债以满足其债务的能力。负债方流动性比例的衡量标准往往反映出一家银行的资产质量、资本实力、存款余额和其他负债的构成。负债方流动性比例的衡量指标主要包括核心负债比例、资金来源集中度、各项存款的结构百分比、总存款/总负债、核心存款/总资产等。

(二)现金流量管理

现金流量管理是识别、计量和监测流动性风险的重要工具,商业银行应当建立现金流测算和分析框架,有效计量、监测和控制正常和压力情景下未来不同时间段的现金流缺口。现金流测算和分析应当涵盖资产和负债未来现金流以及潜在现金流，并充分考虑支付结算、代理和托管等业务对现金流的影响。

1. 现金流测算分析的基本方法

①商业银行应当在涵盖表内外各项业务的基础上，按照本外币合计和重要币种，区分正常和压力情景，并考虑资产负债未来增长，分别测算未来不同时间段的现金流入和流出，并形成现金流量报告。

②未来现金流可分为确定到期日现金流和不确定到期日现金流。确定到期日现金流是指有明确到期日的表内外业务形成的现金流。不确定到期日现金流是指没有明确到期日的表内外业务（如活期存款）形成的现金流。商业银行应当按照审慎性原则测算不确定到期日现金流。

③商业银行应当合理评估未提取的贷款承诺、信用证、保函、银行承兑汇票、衍生产品交易、因其他履约事项可能发生的垫款、为防范声誉风险而超出合同义务进行支付等所带来的潜在流动性需求，将其纳入现金流测算和分析，并关注相关客户的信用状况、偿债能力和财务状况变化对潜在流动性需求的影响。

④商业银行在测算未来现金流时，可以按照审慎性原则进行交易客户的行为调整。商业银行所使用的行为调整假设应当以相关历史数据为基础，经充分论证和适当程序审核批准，并进行事后检验，以确保其合理性。

⑤商业银行各个时间段的现金流缺口为该时间段的现金流入与现金流出的差额。根据重要性原则，商业银行可以选定部分现金流量少、发生频率低的业务不纳入现金流缺口的计算，但应当经内部适当程序审核批准。

⑥商业银行应当由负责流动性风险管理的部门设定现金流缺口限额，确保现金流缺口限额与流动性风险偏好相适应，并经内部适当程序审核批准。商业银行应当至少每年对现金流缺口限额进行一次评估，必要时予以修订。

2. 现金流缺口的设定原则

①商业银行应当预测其未来特定时间段内的融资能力，尤其是来自银行或非银行机构的批发融资能力，并依据压力情景下的调减系数对预测进行适当调整。

②商业银行应当按照合理审慎的方法计算优质流动性资产变现所能产生的现金流入。

③商业银行设定现金流缺口限额时应当充分考虑支付结算、代理和托管等业务对现金流的影响。

第六章　金融风险管理的内容范畴

（三）流动性风险预警

商业银行要根据业务规模、性质、复杂程度及风险状况，监测可能引发流动性风险的特定情景或事件，采用适当的预警指标，前瞻性地分析其对流动性风险的影响。可能引发流动性风险的情景或事件包括：① 资产快速增长，负债波动性显著增加。② 资产或负债集中度上升。③ 负债平均期限下降。④ 批发或零售存款大量流失。⑤ 批发或零售融资成本上升。⑥ 难以继续获得长期或短期融资。⑦ 期限或货币错配程度增加。⑧ 多次接近内部限额或监管标准。⑨ 表外业务、复杂产品和交易对流动性的需求增加。⑩ 银行资产质量、盈利水平和总体财务状况恶化。⑪ 交易对手要求追加额外抵（质）押品或拒绝进行新交易。⑫ 代理行降低或取消授信额度。⑬ 信用评级下调。⑭ 股票价格下跌。⑮ 出现重大声誉风险事件。

（四）流动性风险的限额管理和融资策略

1. 限额管理

商业银行应当对流动性风险实施限额管理，根据其业务规模、性质、复杂程度、流动性风险偏好和外部市场发展变化情况，设定流动性风险限额。

（1）限额管理的内容

流动性风险限额包括但不限于现金流缺口限额、负债集中度限额、集团内部交易和融资限额。

（2）限额管理的方法

商业银行应当制定流动性风险限额管理的政策和程序，建立流动性风险限额设定、调整的授权制度、审批流程和超限额审批程序，至少每年对流动性风险限额进行一次评估，必要时进行调整。

商业银行应当对流动性风险限额的遵守情况进行监控，发生超限额情况应当及时报告。对未经批准的超限额情况应当按照限额管理的政策和程序进行处理，对超限额情况的处理应当保留书面记录。

2. 融资策略

商业银行应当建立并完善融资策略，提高融资来源的多元化和稳定程度。商业银行融资管理应符合以下要求：①分析正常和压力情景下未来不同时间段的融资需求和来源。②加强负债品种、期限、交易对手、币种、融资抵（质）押品和融资市场的集中度管理，适当设置集中度限额。③加强融资渠道管理，积极维护与主要融资交易对手的关系，保持在市场上的适当活跃程度，并定期评估市场融资和资产变现能力。④密切监测主要金融市场的交易量和价格等变动情况，评估市场流动性对商业银行融资能力的影响。

第三节　市场风险管理

一、市场风险管理概述

市场风险是指因市场价格（利率、汇率、股票价格和商品价格）的不利变动而使商业银行表内和表外业务发生损失的风险。

市场风险可以分为利率风险、汇率风险（包括黄金）、股票价格风险和商品价格风险，分别指由于利率、汇率、股票价格和商品价格的不利变动所带来的风险。

市场风险管理的目标是通过将市场风险控制在商业银行可以承受的合理范围内，实现经风险调整的收益率最大化。

市场风险管理是识别、计量、监测和控制市场风险的全过程。商业银行应当充分识别、准确计量、持续监测和适当控制所有交易和非交易业务中的市场风险，确保在合理的市场风险水平下安全、稳健经营。商业银行所承担的市场风险水平应当与其市场风险管理能力和资本实力相匹配。为了确保有效进行市场风险管理，商业银行应当将市场风险的识别、计量、监测和控制与全行的战略规划、业务决策和财务预算等经营管理活动进行有机结合。

二、市场风险管理体系

随着利率市场化和人民币汇率机制改革的不断深入，我国商业银行面临的风险环境已经发生了巨大改变，管理市场风险的必要性和迫切性日益凸显。商业银行应当建立与本行的业务性质、规模和复杂程度相适应的、完善可靠的市场风险管理体系。市场风险管理体系的基本要素包括：董事会和高级管理层的有效监控，完善的市场风险管理政策和程序，完善的市场风险识别、计量、监测和控制程序，完善的内部控制和独立的外部审计，适当的市场风险资本分配机制。

（一）董事会、高级管理层及其他市场风险管理部门的职责

1. 董事会职责

商业银行的董事会承担对市场风险管理实施监控的最终责任，确保商业银行有效地识别、计量、监测和控制各项业务所承担的各类市场风险。董事会负责审批市场风险管理的战略、政策和程序，确定银行可以承受的市场风险水平，督促高级管理层采取必要的措施识别、计量、监测和控制市场风险，并定期获得关于市场风险性质和水平的报告，监控和评价市场风险管理的全面性、有效性以及高级管理层在市场风险管理方面的履职情况。董事会可以授权其下设的专门委员会履行以上部分职能，获得授权的委员会应当定期向董事会提交有关报告。

2. 高级管理层职责

商业银行的高级管理层负责制定、定期审查和监督执行市场风险管理的政策、程序以及具体的操作规程，及时了解市场风险水平及其管理状况，并确保银行具备足够的人力、物力以及恰当的组织结构、管理信息系统和技术水平以便有效识别、计量、监测和控制各项业务所承担的各类市场风险。

商业银行的董事会和高级管理层应当对本行与市场风险有关的业务、所承担的各类市场风险以及相应的风险识别、计量和控制方法有足够的了解。

3. 监事会职责

商业银行的监事会应当监督董事会和高级管理层在市场风险管理方面的履职情况。

4. 市场风险管理部门职责

①拟定市场风险管理政策和程序，提交高级管理层和董事会审查批准。

②识别、计量和监测市场风险。

③监测相关业务经营部门和分支机构对市场风险限额的遵守情况，报告超限额情况。

④设计、实施事后检验和压力测试。

⑤识别、评估新产品、新业务中所包含的市场风险，审核相应的操作和风险管理程序。

⑥及时向董事会和高级管理层提供独立的市场风险报告。

⑦其他有关职责。

5. 业务经营部门职责

商业银行承担市场风险的业务经营部门应当充分了解并在业务决策中充分考虑所从事业务包含的各类市场风险，以实现经风险调整的收益率最大化。业务经营部门应当为承担市场风险所带来的损失承担责任。

（二）市场风险管理政策和程序

商业银行应当制定适用于整个银行机构的、正式的书面市场风险管理政策和程序。市场风险管理政策和程序应当与银行的业务性质、规模、复杂程度和风险特征相适应，与其总体业务发展战略、管理能力、资本实力和能够承担的总体风险水平相一致，并符合中国银保监会关于市场风险管理的有关要求。市场风险管理政策和程序的主要内容包括：①可以开展的业务，可以交易或投资的金融工具，可以采取的投资、保值和风险缓解策略和方法。②商业银行能够承担的市场风险水平。③分工明确的市场风险管理组织结构、权限结构和责任机制。④市场风险的识别、计量、监测和控制程序。⑤市场风险的报告体系。⑥市场风险管理信息系统。⑦市场风险的内部控制。⑧市场风险管理的外部审计。⑨市场风险资本的分配。⑩对重大市场风险情况的应急处理方案。

商业银行应当根据本行市场风险状况和外部市场的变化情况，及时修订和完善市场风险管理政策和程序。

（三）市场风险限额管理

商业银行进行市场风险管理，应当确保将所承担的市场风险控制在可以承受的合理范围内，使市场风险水平与其风险管理能力和资本实力相匹配，限额管理正是对市场风险进行控制的一项重要手段。银行应当根据所采用的市场风险计量方法设定市场风险限额，制定各类和各级限额的内部审批程序和操作规程，根据业务性质、规模、复杂程度和风险承受能力，设定、定期审查和更新限额。

1. 市场风险限额的种类

市场风险限额包括交易限额、风险限额及止损限额等，并可按地区、业务经营部门、资产组合、金融工具和风险类别进行分解。商业银行应当根据不同限

第六章 金融风险管理的内容范畴

额控制风险的影响,建立不同类型和不同层次的相互补充的合理限额体系,有效控制市场风险。商业银行总的市场风险限额以及限额的种类、结构应当由董事会批准。

(1) 交易限额

交易限额是指对总交易头寸或净交易头寸设定的限额。总交易头寸限额对特定交易工具的多头头寸或空头头寸给予限制,净交易头寸限额对多头头寸和空头头寸相抵后的净额加以限制。在实践中,银行通常将这两种交易限额结合使用。

(2) 风险限额

风险限额是指对按照一定的计量方法所计量的市场风险设定的限额,如对内部模型计量的风险价值设定的限额和对期权性头寸设定的期权性头寸限额等。期权性头寸限额是指对反映期权价值的敏感性参数设定的限额,通常包括衡量期权价值对基准资产价格变动率的德尔塔(Delta)、衡量德尔塔对基准资产价格变动率的伽马、衡量期权价值对市场预期的基准资产价格波动性敏感度的维加(Vega)、衡量期权临近到期日时价值变化的 Theta 值以及衡量期权价值对短期利率变动率的 Rho 值设定的限额。

(3) 止损限额

止损限额即允许的最大损失额。通常情况下,当某项头寸的累计损失达到或接近止损限额时,就必须对该头寸进行对冲交易或将其变现。典型的止损限额具有追溯力,即止损限额适用于 1 日、1 周或 1 个月等一段时间内的累计损失。

2. 商业银行在设计限额体系时考虑的因素

商业银行在设计限额体系时考虑的因素包括:①业务性质、规模和复杂程度。②商业银行能够承担的市场风险水平。③业务经营部门的既往业绩。④工作人员的专业水平和经验。⑤定价、估值和市场风险计量系统。⑥压力测试结果。⑦内部控制水平。⑧资本实力。⑨外部市场的发展变化情况。

3. 市场风险的超限额管理

商业银行应当对超限额情况制定监控和处理程序。超限额情况应当及时向相应级别的管理层报告。该级别的管理层应当根据限额管理的政策和程序决定是否批准以及此超限额情况可以保持多长时间。未经批准的超限额情况应当按照限额管理的政策和程序处理。管理层应当根据超限额情况决定是否对限额管理体系进行调整。

商业银行应当确保不同市场风险限额之间的一致性，并协调市场风险限额管理与流动性风险限额等其他风险类别的限额管理。

（四）市场风险管理内部控制

商业银行应按照中国银保监会关于商业银行内部控制的有关要求，建立完善的市场风险管理内部控制体系，作为银行整体内部控制体系的有机组成部分。市场风险管理内部控制应当有利于促进有效的业务运作，提供可靠的财务和监管报告，促使银行严格遵守相关法律、行政法规、部门规章和内部的制度、程序，确保市场风险管理体系有效运行。

1. 市场风险管理内部控制的基本做法

① 商业银行为避免潜在的利益冲突，应当确保各职能部门具有明确的职责分工以及相关职能适当分离。商业银行的市场风险管理职能与业务经营职能应当保持相对独立。交易部门应当将前台、后台严格分离，前台交易人员不得参与交易的正式确认、对账、重新估值、交易结算和款项收付，必要时可设置中台监控机制。

② 商业银行应当避免其薪酬制度和激励机制与市场风险管理目标产生利益冲突。董事会和高级管理层应当避免薪酬制度具有鼓励过度冒险投资的负面效应，防止绩效考核过于注重短期投资的收益表现而不考虑长期投资的风险。负责市场风险管理工作的人员薪酬不应当与直接投资收益挂钩。

③ 商业银行的内部审计部门应当定期（至少每年一次）对市场风险管理体系各个组成部分和环节的准确性、可靠性、充分性和有效性进行独立审查和评价。应当既对业务经营部门也对负责市场风险管理的部门进行内部审计。内部审计报告应当直接提交董事会。董事会应当督促高级管理层对内部审计所发现的问题提出改进方案并采取改进措施。内部审计部门应当跟踪检查改进措施的实施情况，并向董事会提交有关报告。

2. 内部审计的内容

① 市场风险头寸和风险水平。

② 市场风险管理体系文档的完备性。

③ 市场风险管理的组织结构，市场风险管理职能的独立性，市场风险管理人员的充足性、专业性和履职情况。

④ 市场风险管理所涵盖的风险类别及范围。

⑤ 市场风险管理信息系统的完备性、可靠性，市场风险头寸数据的准确性、完整性，数据来源的一致性、时效性、可靠性和独立性。

⑥ 市场风险管理系统所用参数和假设前提的合理性、稳定性。

⑦ 市场风险计量方法的恰当性和计量结果的准确性。

⑧ 对市场风险管理政策和程序的遵守情况。

⑨ 市场风险限额管理的有效性。

⑩ 事后检验和压力测试系统的有效性。

⑪ 市场风险资本的计算和内部配置情况。

⑫ 对重大超限额交易、未授权交易和账目不匹配情况的调查。

商业银行在引入对市场风险水平有重大影响的新产品和新业务、市场风险管理体系出现重大变动或者存在严重缺陷的情况下，应当扩大市场风险内部审计的范围，增加内部审计的频率。

第四节 操作风险管理

一、操作风险概述

随着全球银行业的发展，银行规模不断膨胀，经营复杂程度急剧提高，交易金额迅速增加，新经济模式（如网络银行、电子贸易等）出现，交易工具和金融技术日益复杂，清算及结算系统扩展，信息技术广泛深入应用，外包业务不断增加，银行采用风险缓释技术带来新形式的风险。这些都增大了金融机构面临的操作风险，促使操作风险管理在理论和实践中需要进行更深入地研究。

（一）操作风险的概念

操作风险是指由不完善或有问题的内部程序、员工和信息科技系统以及外部事件造成损失的风险，包括法律风险，但不包括策略风险和声誉风险。

（二）操作风险的特征表现

操作风险大部分来源于商业银行的业务活动，覆盖面大，不易区分和界定，与其他风险有所不同。

1. 内生性

操作风险的内生性是指多数操作风险存在于商业银行业务管理活动中，可以说是一种内部各层次的"系统性风险"，且大多与银行独特的内部风险管理环境有关。操作风险的内生性是其作为一种独立风险形态的最主要特征。同时，操作风险的内生性决定了风险来源或种类的多样性，操作风险在实践中可以转化为市场风险和信用风险，增加了识别的难度。

2. 灾难风险多为外生风险

自然灾害、恐怖袭击等外部事件引起的外生操作风险具有低频高损的特点，操作风险在分布上呈现厚尾的非对称特征。

3. 风险诱因与风险损失相关性复杂

风险诱因复杂，与其引发的操作风险事件以及可能导致的损失规模、频率之间的相关关系复杂，所以在管理过程中非常小的疏忽就会把操作风险遗漏在管理框架之外，也增加了管理难度。

4. 风险与收益的对应关系不明显

银行因承担操作风险而获得的额外收益不明显或不能在短期内显现，风险控制技术的使用受到成本支出和资本金的约束，管理中应注重降低操作风险和增加管理成本之间的平衡。

5. 风险不易分散

操作风险很难通过自身机构来对冲和分散，因为操作风险一般不直接与特定产品相联系，而是产生于服务和经营过程之中，与不同的区域文化、员工队伍的素质、特定的经营机构等因素有关。操作风险往往具有很强的隐蔽性，信息的有限披露也使操作风险很难运用市场化的风险解决方案，所以操作风险的控制宜采用内部控制、资本配置、风险缓释等综合控制方法。

（三）操作风险与其他风险的关系

在商业银行经营活动中，操作风险与其他风险交织互动，影响因素复杂。在信贷风险领域，由于信贷管理人员贷中管理不力会引发产品及业务操作风险，或因信贷业务担保品管理失败导致损失；在系统及设备领域，由于网络病毒、计算机黑客的威胁，银行在采取多种防护技术提高系统安全性的同时（会使操作风险中的系统失败风险降低），会因为系统界面的友好性降低，使银行失去一定的市场份额，使市场风险提高；在金融衍生品交易领域，由于交易员未经授权或越权行为引发典型的内部欺诈风险，巨额的损失赔付会涉及市场风险、欺诈、声誉下降及由此引发的流动性风险。这些都体现了诸风险之间复杂的交互关系。

（四）操作风险的种类

1. 操作风险的基本分类

①内部欺诈事件，是指故意骗取、盗用财产、违反监管法律规章或公司政策导致的损失事件，此类事件至少涉及内部一方，但不包括歧视及差别待遇事件。

②外部欺诈事件，是指第三方故意骗取、盗用、抢劫财产、伪造要件、攻击商业银行信息科技系统或逃避法律监管导致的损失事件。

③就业制度和工作场所安全事件，是指违反就业、健康或安全方面的法律或协议，个人工伤赔付或者因歧视及差别待遇导致的损失事件。

④客户、产品和业务活动事件，是指因未按有关规定造成未对特定客户履行分内义务（如诚信责任和适当性要求）或产品性质、设计缺陷导致的损失事件。

⑤实物资产损坏，是指因自然灾害或其他事件（如恐怖袭击）导致实物资产丢失或毁坏的损失事件。

⑥信息科技系统事件，是指因信息科技系统生产运行、应用开发、安全管理以及由于软件产品、硬件设备、服务提供商等第三方因素，造成系统无法正常办理业务或系统速度异常所导致的损失事件。

⑦执行、交割和流程管理事件，是指因交易处理或流程管理失败以及与交易对手、外部供应商及销售商发生纠纷导致的损失事件。

2. 操作风险的损失形态

①法律成本，是指因商业银行发生操作风险事件引发法律诉讼或仲裁，在诉讼或仲裁过程中依法支出的诉讼费用、仲裁费用及其他法律成本。如违反知识产

权保护规定等导致的诉讼费、外聘律师代理费、评估费、鉴定费等。

②监管罚没。是指因操作风险事件所遭受的监管部门或有权机关罚款及其他处罚。如违反产业政策、监管法规等所遭受的罚款、吊销执照等。

③资产损失，是指由于疏忽、事故或自然灾害等事件造成实物资产的直接毁坏和价值的减少。如火灾、洪水、地震等自然灾害所导致的账面价值减少等。

④对外赔偿，是指由于内部操作风险事件导致商业银行未能履行应承担的责任造成对外的赔偿。如因银行自身业务中断、交割延误、内部案件造成客户资金或资产等损失的赔偿金额。

⑤追索失败，是指由于工作失误、失职或内部事件使原本能够追偿但最终无法追偿所导致的损失，或因有关方不履行相应义务导致追索失败所造成的损失。如资金划转错误、相关文件要素缺失、跟踪监测不及时所带来的损失等。

⑥账面减值，是指由于偷盗、欺诈、未经授权活动等操作风险事件所导致的资产账面价值直接减少。如内部欺诈导致的销账、外部欺诈和偷盗导致的账面资产或收入损失，以及未经授权或超授权交易导致的账面损失等。

⑦其他损失，是指由于操作风险事件引起的其他损失。

3. 操作风险损失事件认定的金额起点和范围界定

（1）操作风险损失事件统计金额起点

商业银行应当根据操作风险损失事件统计工作的重要性原则，合理确定操作风险损失事件统计金额起点。商业银行对设定金额起点以下的操作风险损失事件和未发生财务损失的操作风险事件也可进行记录和积累。

（2）操作风险损失事件统计范围界定

商业银行应当合理区分操作风险损失、信用风险损失和市场风险损失界限，对于跨区域、跨业务种类的操作风险损失事件，商业银行应当合理确定损失统计原则，避免重复统计。

4. 操作风险损失事件统计的主要内容

商业银行操作风险损失事件统计内容包括：损失事件发生的时间、发现的时间及损失确认时间、业务条线名称、损失事件类型、涉及金额、损失金额、缓释金额、非财务影响、与信用风险和市场风险的交叉关系等。

二、操作风险的控制

（一）操作风险的内部控制

有效的内部控制体系对金融机构的所有风险管理都是非常重要的，而加强内控制度建设是商业银行操作风险管理的基础。

选择正确的操作风险控制技术对于操作风险的管理至关重要。控制技术的选择是一个动态过程，处于不同国家或地区、银行规模和监管阶段的控制技术有所区别，因此可选择范围较大，不同的管理阶段可以分别或同时选用几种控制技术实现操作风险管理的目的。由于商业银行发展及监管要求的不均衡性，处于不同阶段的控制技术选择，对商业银行平衡操作风险管理成本与收益、达到最优绩效至关重要。操作风险与风险控制技术具有对应关系，不同的风险及风险损失运用的控制技术不同：第一，对操作风险预期损失采取规避和预提操作风险损失准备金的方法，在年度业务中明确或隐含地编进预算之中，包含在产品或服务定价中。第二，对非预期损失配置经济资本，建立历史操作风险事件数据库，量化未预期损失，计量应分配的经济资本。第三，对重大损失和灾难损失采取套期保值或风险外包与保险等操作风险缓释技术，降低操作风险损失，减轻经济资本配置压力。第四，对突发事件损失制订业务持续计划，采取风险自留技术处理。

（二）经济资本配置技术

现阶段最有效的方法是采取经济资本配置技术。对于操作风险的部分非预期损失，应通过拨备经济资本弥补。要开发相应的工具和方法，将操作风险测度结果转换为经济资本金额，使其成为业务部门在风险——收益基础上管理操作风险的依据。日益严峻的操作风险要求银行为其分配更合理的资本。目前，适合我国商业银行的操作风险经济资本配置方法是标准法和替代标准法。

（三）操作风险缓释技术

操作风险缓释技术是指商业银行根据操作风险识别、计量的结果，结合银行发展战略、业务规模与复杂性，通过采取业务外包、保险等一系列缓释技术，对操作风险进行转移、分散、规避，减少操作风险带来的损失。

我国商务部对服务外包的定义为：服务外包企业向客户提供的信息技术外包服务（ITO）和业务流程外包服务（BPO），包括业务改造外包、业务流程和业务流程服务外包、应用管理和应用服务等商业应用程序外包、基础技术外包（IT、软件开发设计、技术研发、基础技术平台整合和管理整合）等。金融领域的BPO是BPO中最重要的部分，同时也是最有发展前景的部分。操作风险的部分业务外包既可以降低成本、提高效益，又可以转嫁风险，是操作风险控制中重要的缓释技术之一。

操作风险事件突发的异常损失超出银行的正常承受能力，虽然发生概率极小，但一旦发生将会造成巨大损失。银行通常会通过压力测试和情景模拟等手段予以关注，通过购买保险的方式将部分损失转移出去。

第七章 金融风险管理的新趋势

第一节 金融风险管理的趋势

一、金融风险管理工程化趋势

（一）金融工程技术及其发展

1. 金融工程的基本概念

金融工程创造的是新型的金融产品。这里的金融产品是广义的，既包括金融商品（所有进入市场交易的金融工具，如股票、债券、期货、期权、互换等），也包括金融服务（结算、清算、发行、承销等）。而设计、开发和实施新型金融产品的目的是创造性地解决金融问题。这里提到的"新型"和"创造性"有三层含义：一是指金融领域中思想的跃进，其创新程度最高，如第一份期权合约的产生；二是指对已有观念的重新理解与运用，如在商品交易所推出金融期货作为新品种；三是对已有的金融产品进行分解和重新组合，目前层出不穷的新型金融工具的创造，大多建立在这种组合分解的技术之上。

金融工程大量采用图解、数值计算和仿真技术等工程手段来研究问题，比分析金融学的理论模型要灵活得多，相对容易建立与推广使用，不像理论模型那样需要极为艰苦的逻辑思辨，因为许多逻辑推理是由计算机程序帮助实现的。而且，金融工程的研究直接而紧密地联系着金融市场的实际。大部分真正有实际意义的金融工程研究，必须有计算机技术的支持。图解法需要计算机制表和作图软件的辅助，数值计算和仿真则需要很强的运算能力，经常用到百万次甚至上亿次的计算，没有计算机的高速运算和辅助设计，这些技术将失去意义。

2. 金融工程发展的动因

金融工程的迅速发展是多种因素综合作用的结果，每一种因素都在不同方面及不同程度上对金融工程的发展产生影响,使某种形式的金融工程成为可能。一般而言,促进金融工程迅速发展的因素可以归为两大类:一类因素产生了对金融工程的需求,主要包括经济环境中不确定性的增强、制度因素、社会对理财的要求等;另一类因素使金融工程成为可能,进而刺激其发展,这类因素包括科学技术的进步、金融理论的发展等。

①经济环境急剧变化导致经济活动中的不确定性增强。这类因素主要包括:布雷顿森林体系崩溃导致的汇率波动;20世纪70年代两次石油价格冲击导致的全球性通货膨胀;金融自由化以及各种政策因素导致的利率波动。在这样的背景下,各种风险管理技术和金融创新便应运而生,推动了金融工程的发展。

②经济发展水平的提高促进了社会财富的增长,引发了经济生活中广泛的理财需求。这些需求推动了个性化金融服务的发展和金融产品的创新。尤其值得一提的是理财业务中的合理避税问题,由于实际经济活动中存在税收减免或差别税率等税收不对称现象,金融工程师可以利用金融工程学的手段帮助客户实现有效的避税。这是金融工程活动的重要方面。

③制度因素对金融工程的发展具有两重作用:一方面,由于制度的约束作用,许多金融产品设计的目的就在于以不违反现行制度为表象,进而规避甚至突破制度的作用;另一方面,各国放松管制的实践使得许多金融产品的创造成为可能,从而促进了金融工程的发展。

④技术进步因素主要是指对金融工程起推动作用的相关技术的发展,包括数理分析技术、计算机信息技术以及数值计算和仿真技术等。其中计算机信息技术对金融工程的发展起到了很大的推动作用。一方面,大规模数据演算能力的提高,使得研究者可以扩展理论和分析技术;另一方面,信息技术为金融交易员提供了在线分析工具,使其能够利用金融市场的实时数据进行复杂计算。

(二)金融工程技术工具

1. 股票

和其他金融工具不同,股票是所有权凭证,它代表的是对股份有限公司净收入和资产的要求权。根据股东拥有的权利不同,股票可分为普通股和优先股。普通股股东具有投票等基本权利,其股息随公司经营状况的变化而变化。优先股股东在利润分配和企业剩余财产的分配方面比普通股股东具有一定的优先权,但一

第七章　金融风险管理的新趋势

般没有表决权。

2. 票据发行便利

票据发行便利，又称"票据发行融资安排"。它是借款人与银行之间签订协议，借款人在二级市场上循环发行的短期票据，如果这些短期票据不能在二级市场上全部出售，银行有义务买入这些票据或者向借款人提供贷款。

3. 回购协议

回购协议是产生于 20 世纪 60 年代末的短期资金融通方式。它实际上是一种以证券为抵押的短期贷款。其操作过程为：借款者向贷款者暂时出售一笔证券，同时约定在一定时间内以稍高的价格重新购回或者借款者以原价购回原先所出售的证券，但是向证券购买者支付一笔利息。这样证券出售者便暂时获得了一笔可支配的资金，证券购买者则从证券的买卖差价或利息支付中获得一笔收入。回购协议中的出售方大多为银行或证券商，购买方则主要是一些大企业，后者往往以这种方式来使自己在银行账户上出现的暂时闲置余额得到有效的利用。

4. 可转换债券

可转换债券是指可以在指定的日期以约定的价格转换成债券发行公司的普通股股票、其他可转让流通的金融工具或转换债券货币面值等。对公司来说，首先是可转换债券的换股特权对投资者具有一定的吸引力，有助于利息、费用的降低；其次，有利于解除公司的债务，当债券转换成股票时，公司可以在只是增加股份数目而不发生支出的情况下解除债务。对个人投资者来说，可转换债券是一种兼顾收益和风险的理想的投资工具。当投资者不太清楚发行公司的发展潜力及前景时，可先投资于这种债券。待发行公司经营业绩显著，经营前景乐观，其股票行市看涨时，则可将债券转换为股票，以受益于公司的发展。可转换债券对于投资者来说，相当于多了一种投资选择机会。

5. 金融衍生工具

金融衍生工具主要包括远期、期货、期权和互换四种基本衍生工具以及由它们通过变化、组合、合成而衍生出来的一些变形体。

（1）远期

远期是最简单的金融衍生工具之一，是指买卖双方约定在未来某一时期按确定的价格购买或出售某种资产的协议。远期类金融衍生工具是以远期工具为核心变化、合成的一系列衍生产品，一般包括商品远期交易、远期外汇交易、远期利率协定等。

（2）期货

期货合约实际上是由交易所统一设计推出，并在交易所内集中交易的、标准化的远期交货合同。和远期合约相比，它最大的特点就是每张合约所包含的内容都是标准化的。由于这一特点，期货合约能够很容易地在不同的经济主体之间进行流通。另外，由于合约交易集中在交易所进行，合约的履行由交易所保证，所以不存在违约的问题，因此期货交易很好地弥补了远期交易的不足。期货类金融衍生工具是以期货工具为核心变化、合成的一系列衍生产品，一般包括商品期货、外汇期货、利率期货、股票价格指数期货等。

（3）期权

期权是在未来某时期按协议价格买卖金融工具的权利。期权有买权和卖权之分。买权（卖权）是指在约定的未来时间内按协定价格购买（出售）若干标准单位资产的权利。期权合同的买方为了取得这一权利要付出一定的代价，即期权的价格。期权合同还有欧式和美式之分。欧式期权的买方只能在到期日行使合同，而美式期权可以在合同到期前的任何一天行使合同。期权类金融衍生工具是以期权工具为核心变化、合成的一系列衍生产品，一般包括商品期权、外汇期权、利率期权、股票期权、股票价格指数期权等。

（4）互换

根据国际清算银行的定义，互换是指"双方签约同意，在确定期限内互相交换一系列现金流的一种金融活动"。互换类金融衍生工具是交易双方签订的在未来某一时期相互交换某种资产的合约。更准确地说，互换合约是当事人之间签订的在未来某一期间内相互交换他们认为具有相等经济价值的现金流（cash flow）的合约。较常见的互换类衍生产品是利率互换和货币互换。互换合约中规定的交换货币若是同种货币，则为利率互换；若是异种货币，则为货币互换。其他互换类金融衍生工具还有商品互换、股票指数互换等。

二、金融风险管理网络化趋势

（一）网络金融的概念

1. 网络金融的主要形式

网络金融是指为金融服务商以网络为平台提供的银行、证券、保险等多种金融服务，也是对以计算机网络为技术支撑的金融活动的总称。它通过网络实现资金信息的对接与交易，资金的供方与需方甚至不需要见面，大大降低了交易成本，填补了传统金融业的空白。网络金融模式灵活、产品涉及范围广，与传统产业和传统金融行业相比，产品众多，业务范围广泛，几乎每个行业、每家企业都能在网络金融领域找到自己的位置。目前我国网络金融的表现形式主要可分为以下四种。

第一种是网络银行。网络银行是在网络上的虚拟银行柜台，是银行利用信息网络技术，在网络上为客户提供综合、实时的全方位银行服务。网络银行又被称为"3A 银行"，因为它不受时间、空间限制，能够在任何时间（anytime）、任何地点（anywhere）、以任何方式（anyway）为客户提供金融服务。

第二种是网络金融服务。网络金融服务是指金融机构通过网络开展对客户的投资、理财等金融咨询服务，形成信息增值服务平台系统。它是今后金融业发展的重点内容。

第三种是第三方支付。买方将货款付给第三方独立机构，第三方独立机构担当中介保管，在收付款人之间设立中间过渡账户，在双方意见达成一致的前提下才决定资金去向。

第四种是网络信贷。网络信贷，如 P2P 贷款等模式，是投资人通过中介机构把自己的资金贷给借款人，中介机构通过对借款人的信用水平、经济效益等情况评估借款人的信用风险，并收取一定的服务费用。

2. 网络金融的风险

网络金融的风险主要有 IT 风险、流动性风险、监管风险、道德风险以及利率风险。

（1）IT 风险

IT 风险是由黑客攻击、网络传输故障和计算机病毒等因素引起的，会造成网络金融计算机系统瘫痪，从而造成技术风险。其表现为加密技术和密钥管理不完善，TCP/IP 协议安全性差，病毒容易扩散。首先，网络金融的交易资料都被存储在计算机内，而且消息都是通过网络传递的。由于网络的开放性，在加密技术和密钥管理不完善的情况下，黑客很容易在客户机向服务器传送数据时进行攻击，危害网络金融的发展。其次，TCP/IP 协议在传输数据的过程中比较注重信息沟通的流畅性，而很少考虑到安全性。这种情况容易使数据在传输时被截获和窥探，进而引起交易主体资金损失。最后，计算机病毒通过网络可以很快地扩散并传播，一旦被传染则整个网络金融的交易网络都会受到病毒的威胁。这是一种系统性技术风险。

（2）流动性风险

网络金融机构往往发挥资金周转的作用，沉淀资金可能在第三方中介处滞留两天至数周不等，由于缺乏有效的担保和监管，容易造成资金挪用。如果缺乏流动性管理，一旦资金链条断裂，将引发支付危机。现阶段网络金融公司的流动性风险主要有以下两种。第一，理财资金远大于债权资金。目前已经有几家网络金融企业显现出这样的问题，投资理财者把钱充值到平台，但是却迟迟买不到理财产品。实际上是没有足够的债权进行匹配。在这种情况下，且不说这笔资金的利息问题，很可能还牵扯到法律问题。第二，规模越大，流动性风险也越大。在中国，有一个说法叫作"刚性兑付心理"。当一家大型企业在一个时间点面临客户批量赎回，也就是所谓的挤兑风险出现的时候，它可能带来的就是灭顶之灾。

（3）监管风险

金融监管滞后也是网络金融发展可能面临的一个重要风险，如有关网络金融市场的企业准入标准、运作方式的合法性、交易者的身份认证等方面尚无详细明确的法律规范。网民在借助网络享受金融服务的过程中，将面临法律缺失和法律冲突的风险，容易陷入法律纠纷之中，不仅增加了交易费用，还影响网络金融的健康发展。

（4）利率风险

与传统理财产品相比，网络理财产品没有起存金额限制。这就意味着网络金融可以吸收更多的存款，发放更多的贷款，与更多的客户进行交易，面临着更大的网络金融利率风险。

（二）网络金融风险管理

1. 建立以风险管理理念为核心的战略

建立以风险管理理念为核心的战略，就是在机构内部把风险防范和管理放在经营活动的首位。对每项业务都要实行事前、事中、事后全面监督管理，使风险管理贯穿于机构的全过程，使全体员工统一风险管理观念，更好地促进网络金融产业的发展。

2. 进行监管体制与方式的变革

当前我国金融监管是分业经营、分业监管。但网络金融属于混业经营的模式，容易出现监管真空。为了加强对网络金融的监管，当务之急是改变分业监管模式，尽快建立一个沟通协调、信息共享、有统有分、统分结合的监管体制，同时还应该加强网络金融监管的国际合作，借鉴发达国家对网络金融产品的相关监管措施，保障网络金融健康发展。

3. 出台相关法律完善准入准则

网络金融的发展依赖于健全完善的行业法律体系，政府应抓紧制定相关法规，防范和打击网络金融犯罪。随着网络金融的发展，政府应加快建立有效的信用评级行业监管体制，健全网络行业准入准则，通过实施严格的准入管理，对网络金融机构的资金实力、财务状况、风险管理等方面均作出具体的准入要求，避免出现鱼龙混杂的情况。

4. 培育高素质人才队伍

网络金融机构应尽快打造一支适应网络金融浪潮的人才队伍，引进国外先进风险管理理念，结合本机构业务特点，针对性地进行人才风险管理系统培训。重点培养员工的风险意识、防范意识，使机构能够在业务发展的各个环节获得足够的风险信息、整合并评估，从而加强改进风险管理措施。同时，要注意人才队伍的道德建设，防止违反金融伦理的犯罪行为，保证网络金融活动有序运行。

三、金融风险管理综合化趋势

（一）金融风险的系统性

1. 系统性风险的认识

系统性风险是指市场聚集性的风险，即一家金融机构的违约或破产，有可能导致在其交易伙伴及其他金融机构中产生直接或间接的多米诺骨牌效应，然后通过链式反应威胁到金融体系的稳定性。有人把它比喻成"流行性风险"。金融系统性风险是交易伙伴的信用风险与流动性、偿付能力相互作用的结果，风险程度取决于损失的严重程度和持续时间长短。

2. 单个金融机构系统性风险的控制

系统性风险对金融体系的完整性构成威胁，因此系统性风险管理应该是金融监管当局关注的重中之重。虽然系统性风险不是单个金融机构的工作范围，但如果金融机构加强自身的风险管理，会使整个金融体系承受风险的脆弱性降到最低水平。特别是所有银行都应该依照最好的信贷惯例和现代资产组合技术，控制并限制自身的风险，以降低整个银行体系的风险。在各项信贷活动过程中，银行要小心和避免将风险集中于任何单独的客户和部门，包括由于较低监管风险权重和宽泛的风险最高限额而经常得到特别眷顾的银行部门。银行应该抵制以互惠为借口提高银行同业间信贷限额的诱惑。

3. 结算过程系统性风险的控制

各家银行应该利用监管当局和行业发出的倡议，缩减各自同业转账和结算风险；着力控制同业转账和结算的时间长度和风险规模，时间长度缩减，相应风险的规模也会缩减。在时间长度方面，绝大多数国家都通过将纸质处理过程转化为电子处理过程，并且非常重视大额支付系统的建设。

坚持证券和外汇实时结算。在证券交易过程中，证券卖方交割证券与证券买方支付资金之间可能存在时滞，如果任何一方不执行按时交割证券或不按时支付资金，就会使交易对方遭受违约风险。为此，必须坚持一手交钱，一手交货，建立实时结算机制，以综合上述时滞可能导致的系统性风险。外汇交易结算与证券交易结算非常相似，不同货币达成交易后，要通过清算机构实行实时清算，否则也会构成系统性风险。总之，建立良好的清算系统和机制是避免系统性风险的一个重要保障。

（二）建立综合全面的金融风险管理体系

1. 建立金融风险评估体系

金融风险评估是指包括对金融风险识别、金融风险衡量、选择各种处置风险的工具以及金融风险管理对策等各个方面进行评估。

（1）金融风险识别

金融风险识别是指在进行了实地考察研究的基础上，运用各种方法对隐性及显性风险进行系统的区分和综合的分析研究。

（2）金融风险衡量

这是指对金融风险发生的概率或程度、风险范围进行预判和估计，并对不同程度的风险发生的概率及影响进行定量分析。

第七章 金融风险管理的新趋势

（3）金融风险管理对策的选择

这是指在前面两个阶段的基础上，根据金融风险管理的目标，优化配置各种金融风险管理的工具，并针对性地提出建议。这是金融风险评估的必经之路。

2. 建立预警信息系统

完整的信息系统是有效监管的前提条件。我国目前尽管已形成较完善的市场统计指标体系，但对风险监测和预警的支持作用还有限，与巴塞尔委员会《有效银行监管的核心原则》的要求还有差距。这就要求我们应增加描述市场总体金融风险和金融机构风险的指标，为风险预警提供信息支持。严格完善金融机构财务报表制度，制定严格的数据采集内容、格式、方式和方法及采集渠道。金融机构上报的资料，要经过会计师和审计师审计，如发现弄虚作假或拖延，监管部门应给予处罚。

3. 建立良好的公司治理结构

金融机构治理结构良好对金融风险防范是至关重要的。如果公司治理结构存在缺陷，会增大金融体系风险。国外银行的实践表明，金融风险及金融危机的发生在某种程度上应归咎于公司治理的不足。我国近些年的金融业改革非常重视改进法人治理结构，但是国有独资商业银行的所有者与经营者定位还不是很清楚，高管人员仍然集治理权与管理权于一身，缺乏治理与管理的监督机制。股份制商业银行表面上看有着良好的治理结构，但实际运行中也存在一些问题，如股东贷款比例过高，小股东收益被忽视等。为了防范金融风险，构筑我国金融风险防范体系，应在公司治理结构方面做好以下几项工作。

（1）改进国有商业银行的分权结构

产权是一家金融机构的基石。对国有商业银行而言，首先应明确产权主体。在实行股份制改造过程中，要打破单一产权结构，形成多元产权主体，使国有商业银行的经济属性得到恢复，在此基础上建立符合现代企业制度要求的公司治理结构，包括股东大会、董事会、监事会的依法设立和各司其职。这样可以保证出资者的地位和利益，有利于资本的保值增值，提高国有商业银行的资本充足率，分散经营风险。

（2）完善激励机制和制约机制

研究成果表明，董事会薪金与公司业绩具有相关性。为此，对国有商业银行而言，一是改革"官本位"激励机制，把行长的工资奖金与经营业绩及银行长远发展结合起来，而不是重视资产规模和存款规模；二是实行银行行长年薪制，使经营者的利益合法化、透明化。

（3）完善公司治理的组织结构

完善公司治理组织结构的关键是建立一套与股权结构相适应、责权分明的组织体系。第一，依法产生董事会。没有真正的所有者，就不能选举出强有力的董事会；没有强有力的董事会，就不会有优秀的经理。董事会的产生是关键环节。第二，调整董事会构成。商业银行董事会应聘请一定数量的独立董事。为了保证独立董事作用的发挥，可以考虑设置独立董事审查委员会，并赋予持有一定股份的股东拥有独立董事的提名权或小股东联合提名权；建立董事会办事机构，可以下设财务审计委员会、高级管理人员薪酬委员会和提名委员会，以保证决策的独立性和科学性。

（4）加强信息披露的透明度建设

公司治理结构的改善，最终需要提高信息披露的透明度。我国金融机构的信息披露还有许多不够完善的方面，特别是国有商业银行。例如，信息披露的项目不全面，没有严格按照财务会计制度和风险管理要求披露；信息披露内容不真实，有的数据做了技术调整；信息披露的范围不广泛，商业银行只在公开报刊上披露部分信息，股份制商业银行只在股东大会上披露有关信息；信息披露不及时，有的只是年终披露一次，年内发生的重大事件没有披露。因此，为了有效防范金融风险，必须提高信息披露的透明度。金融机构要正视信息披露的价值，增强信息披露的意识，建立审慎的会计制度和信息披露制度。特别要求金融机构必须披露以下主要信息：财务会计报表、各类风险管理状况、公司治理结构信息和年度重大事项。

第二节　宏观经济下现阶段金融风险的防治与化解

一、经济"新常态"下对外开放：国家发展战略的新高度

国家的发展战略由国家所处的发展水平决定，发展水平提升到一定程度，就必然要进行与之相适应的开放战略升级，从融入国际环境的跟随式发展，到构建国际发展潮流的引领式发展，其关键就在于路径选择的前瞻性和正确性。当前中国正处在经济发展的十字路口，也处在国家战略转型和发展的紧要关头，从破除经济限制的内部战略向创造中国智慧的外部战略升级，既是开放战略由量到质升级的题中要义，也是倡导国家战略走国际化路线进行升级的路径选择。

国际经济格局正在发生着深刻变革，不仅有美国经济在危机之后的强势复苏，也有欧洲经济遭受冲击后依然徘徊不前，更有亚洲经济崛起过程中脆弱的再平衡。作为世界经济格局中的一个活跃因素，中国经济保持了7%以上相对高速的平稳发展，为国际经济体系的稳定和重构作出了贡献，也凸显了其在当代国际经济体系中"定海神针"般的地位。

中国的国际经济地位正在显著地上升。这种东西方经济格局的实质变化，不仅把中国经济的发展和世界经济的运行紧密地联系到了一起，而且把中国摆在了世界经济新格局舞台的中心位置，赋予了其引领世界经济运行、担当"排头兵"的历史使命。这种关联关系产生了崭新的特点和全新的变化，国家战略有必要紧紧跟随时代发展的脚步，以便适应发展变化的客观实际，及时作出战略性的布局和调整，从对外开放的初级层面过渡到国际化的高级阶段。这是新时期开放战略升级的核心要义，也是中国经济转型发展提出的内在要求。

中国经济的发展不能再在低水平、粗放型的道路上继续走下去了。提升经济发展中的科技含量，增强国家创新能力的内涵品质，必须要在国际化的道路上坚定不移的探索，增强利用全球资源参与国际竞争的能力，促进中国经济转入长效发展的路径，走品质化、精细化、集约化、国际化增长的路子。

现在，中国经济面临不少挑战。其中，很重要的一条就是如何实现高水平的开放，这不仅包括继续开放，也包括要开放得更好。一个封闭型的经济体，是谈不上开放的；同样，一个开放的经济体，需要扩大开放的度。经济向质量发展，开放升级是转变的必然。拓展开放的领域，向尚未开放的领域扩大开放的范围，逐步建立市场决定资源配置的经济体制和政策，是中国经济走向更高水平开放的现实选择。

第一，低水平的开放战略已经不太适应社会形势，阻碍了国内发展模式的进步。具体来讲，主要表现在：过于注重参与国际分工的外贸过程，忽略了外贸结构的合理性；过于注重出口产品的数量增长，忽略了外贸产品含金量的提升；过于注重贸易中竞争的价格优势，忽略了外贸所得对环境的修复补偿。

第二，过于粗放的开放战略不利于外贸方式的优化，导致低端产品出口和加工贸易比例过高，致使国内产业提升缓慢，不能在国际分工中占据有利地位。在外汇出超充分富裕的条件下，引进外资的迫切性已经大大降低，对外开放旧有的方式已经不合时宜。如果没有能够及时调整战略，重新设定外企的超国民待遇，不仅会致使国内相关产业发展缓慢，而且会使发展欠缺科技含量，企业长期忽视自主技术进步，满足于生产的简单产品，对外开放也就难以上档次，最终开放升级终将成为空话。

第三，开放中过度依赖外资的规模性增长，忽略了国内利用外资的金融溢出效应，在建立本土化的运用和投融资机制上存在不足。

第四，开放理念和指导思想落后，未能及时更新调整，导致外汇储备增长迅速但未有效使用。一个封闭经济向开放经济转型，提升政策体系的开放度和自我调节能力是建立高端经济向结构产业升级的必由之路。

二、经济"新常态"下对外开放：国家开放战略的新元素

过去几十年，开放战略取得巨大成功，并不能完全决定未来的开放，正确的决定和选择是决定性的。决定未来开放战略的结果，只能是今天对外开放所面临的问题和挑战，这也就构成了开放战略升级的逻辑和路径。国际战略当然也是开放战略，但其内容已经不再只是打开国门意义上的开放，而是致力于用好国际条件的开放型经济发展战略。

如今，全球经济发展不平衡，地缘政治因素的偶然扰动，世界各大经济体明

第七章　金融风险管理的新趋势

哲保身，保守经济模式的不确定增强，金融危机导致经济格局重构，中国开放的外部环境显著恶化。

（一）高外汇储备提供了开放升级的新空间

巨额外储的存在说明出口创汇的紧迫性已经不是主要问题。问题已经转变为如何利用好外储去服务经济增长，谋求更大的政治和经济利益。而且，出口创汇尤其是初级产品的对外贸易，不应该继续成为中国经济的追求目标。国内产品不再短缺，即使低水平产能过剩，也不应该再以资源为代价，以低价格去争取出口优势，修正中国过去一直推行的开放战略，把高水平、高层次、高境界的开放作为政策指向，应当说时机已经趋于成熟。

（二）市场体系日趋完善提供了开放升级的新平台

经过多年的经济发展，市场对资源配置起到决定性作用，包含了国内和国外两种资源。这种就意味着开放战略升级也是市场发挥作用的根本要求。

当然，在这个过程中需要发挥政府的作用，要处理好市场和政府的关系。优化开放任务，改革开放模式，变革投融资机制，调整贸易结构，破解产业发展局限，政府政策的作用不能忽视。显然，政府不该是发展的永恒主角，政策也不是发展的永恒动力，国内体制战略必须尊重市场规律。

（三）国际人才充分涌现提供了开放升级的新主角

除了教育的普及化，留学人才的增加使得具有国际交往能力、掌握先进技术的人才不断涌现，为开放升级准备了丰厚的人才"蓄水池"。应当继续实施人才战略，培育开放升级的人才大军。更加成熟的开放型经济，需要更大的国际化人才，推进开放的国际战略。众多的留学人才是推进对外开放的前提条件。

在国际政治经济体系中，中国的地位发生了历史性的变化，国际化人才的能力也显著提高。综合国力的提升和开放型经济体系的建立，不仅使中国成为世界经济中的重要成员，也使中国成为对全球人才较有吸引力的地方。大量留学人员回国创业，不仅带来了先进的经营理念，也带来了开放升级层面的操作方案，逐渐成为经济新领域的引导力量。

三、经济"新常态"下对外开放：国家开放战略要有预见性

从大政方针的发展战略上看，经济步入"常态化"思维，既是国家治理上平常心的体现，也是应对金融困局冷静淡定的表现，更是处理复杂问题实事求是的重现。所以，开放战略是复杂国际化背景下的正确选择。

（一）从经济提升品质的发展现实出发，开放战略升级要有经济协同性

当然，这种"新常态"的思维，是建立在切实提高经济发展质量和效益，以利于实现更长时期、更高水平、更好质量的经济发展基础之上的。

第一，中国经济正在减速慢行，新常态获得社会的基本认同，开放战略国际化需要创新以匹配经济变化。

第二，中国经济正在提升品质，经济进入追求真实发展过程，开放战略升级具备转型的坚实基础。当前经济转型步入关键阶段，真正意义上优化经济结构，就少不了放弃对增长速度的过分追求，让经济增长建立在内涵品质的基础上，充分发挥和体现质量和效益功能，把人从物质层面解放出来，通过文化产业的大发展、大繁荣，实现人的内心安宁和精神层面的富足，对外开放的水平将显著提高。高层次的开放战略是需要国际化特色的。

第三，中国经济正在自我改造，经济去房地产化获得最终认可，开放战略升级将赢得更多资源的充分支持。

第四，中国经济正在突破思想禁锢，对外开放战略更应突破创新，把尊重经济规律作为决策思路。经济的发展本来就是波浪式的上升运动，有增长的波峰就有回落的低谷，波峰出现的过程匹配高速增长，波谷到来的过程合理减速求稳，自然是符合经济运行规律。不过度干预经济运行轨迹，避免刺激过度，自觉不自觉地导致金融危机，也是尊重经济发展客观规律的方式之一。

（二）以"开放促改革"到以"改革促开放"的战略转变

国际战略是对外经济关系中的"纲"，这个"纲"不是一成不变的，而是调整变化的。在中国经济发展的初期阶段，开放有力地促进了改革深入进行。由于

国力所限和认识的局限，在之前的发展阶段，中国只能被动地接受国际经济规则，无力参与国际事务的直接决策，对自身理论反思也比较肤浅。开放战略的重心已经发生明显的转移，把国际化因素联系起来，通过加入WTO的开放战略，促进政府改革进一步深入。

开放战略是深化改革的时代要求，开放战略升级也是顺应历史潮流的重大战略调整。随着改革迈向深水区，改革的带动和引领作用也会为开放创造良好的氛围。

（三）国际化开放战略升级的总体定位

以国际战略总体突破，推进对外经济关系发展，是国家总体战略的重要部分。从整体上讲，国际战略应该服务于国内战略，而国内战略要为国际战略提供支撑，呈现出"一体两翼"的特征。优化国内的开放政策，调整对外开放的策略，仍然是发展对外经济关系的总战略。

然而，中国的开放战略升级不总是赢得掌声和喝彩。国际战略的推进必然会引起误解和抵制。有人不愿意看到强大的中国，也不愿意看到强大中国的国际影响力，不愿意改变自己的外交政策，也不愿意放弃现行国际经济体系中的有利地位。因此，确立国际化的开放战略，选择好中国推进经济发展的必由之路，需要我们全民的外交智慧。

实现中国的可持续发展，与国际战略的成功推进是不可分割的。中国经济中的困难和问题不少，突破阻碍经济发展的障碍，需要把开放战略贯彻到底。尤其是要在国际范围内，表现出开放的诚意和信心，让世界感知到中国发展的善意，也让世界助力中国开放的步伐，发挥更大的积极作用，为世界繁荣作出应有贡献。

第三节　大数据环境下的金融风险管理

一、金融大数据资源概述

（一）金融大数据资源

第一，证券期货业数据。证券期货业的经营对数据的实时性、准确性和安全性的要求极高。证券期货数据包括实时行情、历史金融数据、统计数据、新闻资讯等。数据涵盖股票、基金、债券、股指期货、商品期货、权证、黄金、外汇、指数、理财产品、宏观经济与行业经济等方面。证券期货数据具有数据量大、变化快等特征。期货高频行情数据每秒更新2次，每日产生上万笔交易数据。国外市场上，证券股票的高频行情数据更新速度更快，支撑了高频交易等新兴交易模式的发展。宏观与行业经济数据包括国内宏观经济数据、地区经济数据、行业经济数据、国外宏观经济数据四大类，涉及超过13万个经济指标、670万条经济数据。新闻资讯方面，除了发布的新闻信息、相关机构的研究报告，还有从推特、论坛、微博、Facebook 等网络媒体摘取的网络舆情信息，这些数据属于非结构化数据，其处理需要网络爬虫、语义分析等非结构化数据处理技术。

第二，银行业数据。在数据爆发式增长的今天，银行每天都在生成、获取海量数据。首先，传统的交易系统每天产生数亿笔客户交易，形成了 TB 级的结构化数据。其次，在处理过程中银行采集了大量用于集中作业、集中授权、集中监控的影像视频等非结构化数据。再次，银行网站每天点击量达到几千万次，隐含着大量客户需求或产品改进信息。最后，各类媒体、社交网络中涉及银行的信息既有客户需求，也有客户投诉，这些都可以作为银行改进产品或服务的依据。

第三，保险业数据。保险经营的基础是"从大量随机事件中找出必然规律"，这与大数据特征高度吻合。目前，国内大型保险公司累积的数据量均已超过 100TB。保险数据除去保单、理赔单、电话营销录音等保险公司保留数据，还包括大量的保险相关行业业务数据。保险数据中的非结构化数据多保留为影像数据形式。这些数据可为保险公司的各类决策提供支持，支撑保险营销、定价、欺诈识别、精细管理、精致服务等业务的开展。

第四，跨行业网络金融数据。在网络技术高速发展的今天，以较低时间成本和经济成本提供支付和融资服务已经成为可能。网络化的平台、标准的流程极大地降低了数据收集的成本。

（二）金融大数据处理关键技术

金融数据一般具有"流数据"特征，需要在短时间内快速处理。与其他行业相比，金融数据具有逻辑关系紧密、处理实时性要求高、可展示性需求强等特征，通常需要以下几类关键技术。

1. 数据分析技术

数据分析技术包括数据挖掘、机器学习等人工智能技术，主要应用在用户信用分析、用户聚类分析、用户特征分析、产品关联分析、营销分析等方面。金融系统安全性、稳定性和实时性要求比较高，对大数据计算处理能力的要求也非常高。

2. 数据管理技术

数据管理技术包括关系型和非关系型数据管理技术、数据融合和集成技术、数据抽取技术、数据清洗和转换等技术。金融行业对数据的实时处理能力要求非常高，需要灵活地进行数据转换配置和任务配置。

3. 数据处理技术

数据处理技术包括分布式计算技术、内存计算技术、流处理技术。金融数据的海量增长使得金融机构需要通过新型数据处理技术来更有效地利用软硬件资源，在降低IT投入、维护成本和物理能耗的同时，为金融大数据的发展提供更稳定、强大的数据处理能力。

4. 数据展现技术

数据展现技术包括可视化技术、历史流展示技术、空间信息流展示技术等，主要用于金融产品健康度监视、产品发展趋势监视、客户价值监视、反洗钱反欺诈预警等方面。金融数据种类多样，相关统计指标复杂，需要大力发展数据展现技术，提高金融数据的直观性和可视性，提升金融数据的可利用价值。

二、大数据与银行风险管理

（一）基于大数据的银行风险管理模式

在这样的大环境下，商业银行要保持竞争力，维护自身的生存与发展，必须更好地发现数据所能提供的风险管理价值，并积极地运用各种技术及管理手段，最大化地实现这些价值。

1. 大数据与信用风险管理

目前，银行在进行信用风险决策时，主要依据客户的会计信息、客户经理的调查、客户的信用记录以及客户抵（质）押担保情况等，通过专家判断进行决策。这种决策模式具有一定的弊端：一是这种模式只适用于经营管理规范、会计信息可靠、信用记录良好的大公司或有充分抵（质）押物并经营良好的中小公司。二是决策基本上取决于信贷审批人员的主观判断，缺乏足够的客观证据，信息不对称，标准不统一，业务流程复杂，效率低下。三是决策所依据的主要是企业过去的静态信息，而不是实时的动态信息，时效性、相关性和可靠性不足，风险不能得到有效控制。

信用风险计量已经有成熟的模型与方法，如以违约概率为核心变量的客户风险评级模型以及以违约损失率为核心变量的债项风险评级模型等。在模型开发中，各银行所面临的共同问题是缺乏相关数据。一是数据来源有限，尤其是客户的相关信息，银行通常仅能获得客户主动或被动提供的基本信息数据及财务信息数据。二是数据可靠性不足，数据的获得路径长，缺乏有效的验证手段。三是数据覆盖广度不够，比如客户的市场行为、与第三方对手间的交易往来等有价值的信息数据，或根本无法收集，或被湮没在大量的信息噪声中而无法及时发现，从而不能在建模中充分利用。

银行可以通过大数据体系的建设有效地解决上述问题。一方面，通过多种传感器、多个渠道采集数据，可以帮助银行更全面、真实、准确、实时地掌握借款人信息，降低信息不对称带来的风险；另一方面，利用大数据技术可以找到不同变量间新的相关关系，形成新的决策模型，使决策更准确、统一、公正。此外，银行业通过构建大数据平台，帮助银行加强风险建模，大数据提供了功能广泛的风险分析和管理工具。利用大数据的相关技术，所有平台功能将完成预先整合集成，保证银行能加速改善大数据环境，获得最佳的价值时效。

此外，银行可以利用大数据进行欺诈检测，创新信用风险管理模式。商业银行通过应用大数据，结合实时、历史数据进行全局分析，每天评估客户的行为，并对客户风险等级进行动态调整，实现对客户授信的精细化管理。商业银行通过共享各业务分支机构的相关信息，并针对不同风险点实施相应的控制措施，及时获取、挖掘有效的风险预警信息，发现经营中存在的问题，建立全面的风险管理预警体系，增强风险识别和防范能力。此外，大数据还有助于银行确定客户运营状态变化规律，建立运营状态变化路径，按变化路径设置风险控制点，逐点计算对应的客户价值，在客户价值的基础上评估信用风险，从而形成新的客户信用风险动态计算体系以及管理模式，形成新的利润增长点。

2. 大数据与操作风险管理

《巴塞尔新资本协议》提出了衡量操作风险的各种方法和原则。当前国际金融界实际采用的衡量方法确实存在相当大的差异：一些风险管理能力强的金融机构，已经能够符合《巴塞尔新资本协议》中提出的基本指标法或标准法等较高水平的衡量方法的要求；国内银行在操作风险的衡量方面还较为落后，究其原因，主要是由于银行缺乏操作风险计量模型以及计量所需要的损失数据。建模数据的不足造成银行模型开发困难，开发和校准工作周期长，主观随意性强，模型验证难，模型的使用效果不能保证。因此，银行业应系统全面地收集和管理历史数据，为模型和工具的正确使用提供数据支持，从而为操作风险度量和控制提供更有意义的指引。

大数据平台为银行建立完善的风险量化体系提供了保障。第一，拓展了数据源的广度。大数据平台可以极大地扩展数据来源。利用大数据平台，银行能从网络、移动平台等多种非传统渠道中及时捕捉以前无法获得或无法使用的风险事件数据（包括非结构、半结构、流数据等），并通过与传统数据的快速整合、关联补充，为操作风险的度量提供充分的数据保障。第二，增强了数据源的时效性。利用大数据平台，可以实时收集操作风险事件数据，即时监控可能发生的事件，并提供实时或准实时的风险计量服务，以配合业务管理对效率的要求。第三，促进了风险管理的前瞻性。风险计量体系要能提前捕捉风险预警信号，为主动性风险管理提供技术支持，而大数据平台为实现该目标提供了可能。

3. 大数据与实时风险监测

任何银行业务的风险管理均分为事前、事中、事后阶段，然而国内银行大部分对业务操作的管理是事后监督。例如，欺诈交易风险管理最重要的环节是事前的监测和识别，而由于时间的滞后，现行的事后监督难以发挥主动监督的作用，难以对风险业务发挥实时控制的作用。

此外，银行日益增长的需求已远非传统的智能业务应用所能满足。银行需要不间断获取情报的能力，从而能够分析大流量的实时事件，并迅速洞察风险事件，即时且自动化地对风险事件进行响应。也就是说，关键是能够对持续大流量的实时数据进行分析并快速响应。

（二）银行开展全面风险管理的对策

在大数据时代，商业银行要积极做好应对工作，加强数据采集与整合能力，建立量化分析数据中心，提升风险量化能力，从而为银行开展全面风险管理提供坚实的基础。

1. 加强对数据的收集与管控规范

首先，商业银行在日常经营中产生的大量数据是形成整个社会大数据的重要组成部分，因此，要对数据管控、数据处理和数据结果反映作出正确处置。第一，确定主要的数据采集渠道，主要可以划分为资讯数据、行情数据以及市场数据。数据管控上要进行标准化采集，统一化处理，时效化完成，分级化查阅。坚持做到采集的数据准确、结果可视，使数据应用性大大提高。第二，数据处理时一定要科学并依照规则，特别要杜绝以假乱真、以次充好的现象。第三，处理后的结果要依照规定展示，并且严格按照国家法律法规进行使用，避免产生影响商业银行声誉的风险。

2. 建立多元化的数据获取渠道

商业银行要注重利用社交媒体的数据，拓展渠道，获取客户信息。学会使用各类媒体，不但为客户服务，而且为优化商业银行自身形象服务；要积极参与网络工具形成的各种运作方式，并研究在运作方式中融入商业银行工作目标，真正使媒体、网络工具成为维系、拓展客户的桥梁和重要的通道。

第七章　金融风险管理的新趋势

3. 提升大数据处理与分析的技术水平

在银行数据大集中的基础上，采用数据仓库技术作为银行海量数据提取的实现方法，将数据集中到银行数据仓库中去，然后在此基础上进行各种数据的统计分析及数据挖掘。针对多元、高速、高噪声数据，银行必须制定整合、清理和分析的解决方案。这些数据包括结构化数据、非结构化和半结构化数据。

4. 增强对实时数据的处理能力

银行需要即时获取外部风险事件的能力，从而能够分析大流量的实时事件，并迅速洞察事件原委，实时整合来自多种异构数据源的数据，对海量"运动"中的数据进行连续实时的处理，捕捉可能对用户有用的信息并把结果发送出去。因此，需要对持续大流量的实时数据进行分析并快速响应。流式计算把数据包分割成小块，然后通过并行计算的方式将这些数据快速处理，并保存数据处理后的相关结果。因此，银行需要制定流数据分析方案，通过分析社交媒体等流数据，迅速了解客户行为，发现风险并及时预警。

5. 增强大数据平台的投资与建设

大数据时代将带动整个社会交易方式的变化，服务日趋虚拟化，更多的服务将由网络来承担，强大的大数据平台及网络系统是商业银行未来经营管理的利器。因此，商业银行需要投入大量资源用于适应大数据技术的需要，优化系统的体系架构，使系统具有可拓展性和灵活性。对资源的投入一定要有相当的前瞻性，并兼顾当前实际。争取在过渡期内，尽可能实现资源利用的最大化。

三、大数据环境下金融信息安全治理

（一）大数据环境下金融经营活动的管理研究

1. 大数据在金融经营活动中的应用

（1）精确识别

利用大数据分析，了解行业价值分配情况，针对盈利机会大的领域深度挖掘客户，准确定位客户群体，既有益于业务模式的发展，也可为后续营销奠定良好的基础。但单独依据消费、支付、社交某一类沉淀数据都不足以准确识别客户并进行有效的风险预测。在互联网金融活动中，要准确识别不同金融场景下的客户，所需的信息也有所不同，获取信息的渠道也不尽相同。在自有信息不足的情况下，

可以引入其他机构有效的外部数据信息，并将其作为分析的数据基础。通过分析确定该金融场景下的价值分配，将更多的资源投入盈利机会最大的领域，制定差别化的业务拓展战略。

（2）精准营销

向客户进行精准营销主要依赖客户自身的两个数据，即商业数据和交互数据。商业数据来自各类互联网金融平台的业务数据，通过此类数据能够判断客户正常金融活动的资金规模、投融资频次、金融产品风险承受能力等信息。交互数据通常来自通信记录、社交媒体等。通过掌握客户在金融产品选择时咨询和关注的问题，通过社交媒体了解客户转发、点赞、评价的金融产品类型，能够从更多维度确定客户对金融产品的喜好及风险偏好。经过海量的数据分析，梳理出客户的商业数据和交互数据，对于向客户精准营销（如有针对性地推送金融产品广告，通过电话回访为客户提供已购金融产品的关键信息，将普通客户培养成活跃客户）具有重要意义。

2. 大数据在金融经营活动中的风险管理

利用大数据进行风险评级和风险管理是互联网金融的发展趋势。用大数据进行互联网金融风险管理主要体现在征信和反欺诈两个方面。

（1）大数据征信

目前，我国的征信系统数据主要从中国人民银行征信系统或具有征信牌照的第三方征信机构处获取。前者是通过商业银行等对接征信系统上报的数据，结合身份认证中心的身份审核，提供企业、个人的信用情况报告。对于该报告本人和办理业务的银行可以查询，其他征信机构和互联网金融企业不能直接进行查询。后者是市场自发成立的各具特色的征信系统。一些大企业会通过大数据挖掘，自建信用评级系统。

大数据征信的基础数据主要来自各大平台，通过互联网技术抓取或接口对接获取征信机构数据。虽然各类互联网平台数据的权威性不如中国人民银行征信系统，但是数据来源广泛，类型多样，不局限于信贷数据，能够更全面地反映企业或个人的信用情况。对于互联网金融企业而言，中国人民银行征信系统的覆盖范围与互联网活跃用户群体有所出入，无法全面、有效地反映借款人在非银行机构的信用信息，并且对接中国人民银行征信系统对企业的资质门槛要求较高。为了更好地降低互联网金融风险，促进行业健康发展，大数据征信会越来越重要。

（2）大数据反欺诈

互联网金融行业聚集了大量的资金，对犯罪分子来说也是极具诱惑力的，尤其是高科技犯罪，最常见的欺诈方式有盗号、刷单、木马攻击等。这对互联网金融企业保障资金安全、防范网络欺诈提出了更高的挑战。运用大数据分析对保障系统信息安全、提前发现信息系统的异常情况起到了有效的监测预警作用，包括对入侵行为和攻击行为、数据泄露和资金流向等进行监控。要想用大数据定位信息系统异常，就要确保有足够全面的数据被详细记录在系统行为日志上，能够从日志内容上区分正常行为和异常行为。异常行为无论从表面上看显得多么正常，总是在细节上与正常行为有差异。针对不同的信息系统和监测目标，应该选用恰当的分析方法。通过大数据分析进行反欺诈，不仅能够预防并抵挡病毒的侵入、防护墙的攻击，还能够对客户的行为进行检测，作出信用评估，锁定危险访问用户，杜绝可能成为欺诈方的用户来源。

（二）大数据环境下经济犯罪预警机制的建设

用大数据技术建立互联网金融涉众型经济犯罪预警机制的主要方式如下。

1. 建立信息共享机制

信息共享是互联网金融涉众型经济犯罪预警机制的基础环节。防范打击涉众型经济犯罪不能只靠群众举报，更应在互联网金融经济活动发生异动的时候及时发现，这就需要广泛整合数据资源，打破现有的信息壁垒。目前，公安机关掌握着涉案经济犯罪的情报信息以及人口、住所、社会关系网等个人身份信息；银行和非银行金融机构以及其监管机构能够核查经济主体的贷款状况、证券领域异常波动信息、骗保及理赔异常信息、个人不良资信信息等；市场监管部门能够监测经济主体注册登记中的异常信息；会计师、审计师事务所等中介组织能够监测经济主体经营情况异常信息；新闻媒体对承诺短期内高回报率的投资产品宣传要持谨慎的态度，避免不实宣传误导投资者。各单位的数据情况自己把握，没有形成有效融合，没有发挥数据本身应有的价值。国家安全机关应协调各单位，建立联系机制，汇总各方数据，构建国家金融安全数据中心，搭建犯罪信息共享的云数据库。

当然，在构建数据中心的过程中，要充分考量信息联网技术的复杂性以及数据中心的安全保护措施，其中可能会涉及国家秘密部门的权限和责任，这就要求国家安全机关制定有具体实践价值的信息收集制度。例如，针对法人机构的数据信息的上传及披露应有专门的数据网络通道，通过加密数字证书保障数据的安全传输。

2. 构建风险防控平台

信息的联网和数据的收集非常重要，但最重要的还是分析研判。大数据技术和云计算的出现使多元化大容量信息数据的处理不再遥不可及。公安机关建立的数据不断流动，信息不断更新，能够实时分析研判的涉众型经济案件风险防控平台是建立互联网金融涉众型经济犯罪预警机制的最重要环节。

关于互联网金融涉众型经济案件，大数据分析的重点不只是对已发个案的要素查询，更重要的是对该行业全数据库的分析、比对、碰撞。运用大数据分析手段梳理出犯罪网络的人流、物流、资金流、信息流等，从中发现可疑线索，筛选风险预警要素，结合行业特点，建立风险预警模型。同时，根据已发案件的各维度信息对风险预警模型进行反复试验，不断完善风险预警模型，提高对可疑线索判断的准确性。

风险预警模型能够对犯罪动态信息进行实时分析，通过对不断更新整合的行业数据的分析，提前发现敏感信息，有针对性地锁定异常经济活动，实现对互联网金融行业风险的预先处置和有效防控。

3. 建立统一的犯罪线索管理系统

若要有效地处理互联网金融涉众型经济案件，减少被害人的经济损失，除加强案件预防工作外，还应提高办案效率和质量，严厉打击犯罪行为，严惩不法分子。这也是对互联网金融涉众型经济案件犯罪人最有效的警示。

依据现有信息，建立统一的犯罪线索管理系统，实现犯罪线索全警录入、可疑信息自动搜集、平台研判、统一流转下发、及时核查打击、研判反馈以及线索流转全过程实时监控等功能。通过线索管理系统大范围、高密度的发布，提高办案效率。

通过建立国家安全数据中心，构建犯罪案件风险预警模型，建立犯罪线索管理系统，利用大数据技术，完善互联网金融涉众型经济犯罪预警机制，提高犯罪案件的办理效率，实现从案件预防到案件办理全过程的提前介入、实时打击，从而达到遏制犯罪结果的发生、减少受害人经济损失的终极目标。